D1554346

# AUTOSUPERACIÓN

## 101

### JOHN C. MAXWELL

**GRUPO NELSON**
Una división de Thomas Nelson Publishers
*Desde 1798*

NASHVILLE   DALLAS   MÉXICO DF.   RÍO DE JANEIRO   BEIJING

© 2009 por Grupo Nelson®
Publicado en Nashville, Tennessee, Estados Unidos de América.
Grupo Nelson, Inc. es una subsidiaria que pertenece
completamente a Thomas Nelson, Inc.
Grupo Nelson es una marca registrada de Thomas Nelson, Inc.
www.gruponelson.com

Título en inglés: *Self-Improvement 101*
© 2009 por John C. Maxwell
Publicado por Thomas Nelson, Inc.
Publicado en asociación con Yates & Yates, www.yates2.com

A menos que se indique lo contrario, todos los textos
bíblicos han sido tomados de la Nueva Versión Internacional® NVI®
© 1999 por la Sociedad Bíblica Internacional. Usada con permiso.

Porciones de este libro han sido publicadas previamente en los libros *El mapa para
alcanzar el éxito, El talento no es suficiente, Desarrolle los líderes que están alrededor de
usted, El lado positivo del fracaso, Líder de 360º, Cómo ganarse a la gente y Liderazgo,
principios de oro* de John C. Maxwell.

Traducción: *Hubert Valverde*
Adaptación del diseño al español: *www.Blomerus.org*

ISBN: 978-1-60255-262-3

Edición revisada por Lidere

www.lidere.org

Impreso en Estados Unidos de América

10 11 12 13 WOR 9 8 7 6 5 4 3 2

# Contenido

# PREFACIO

He sentido una gran pasión por el crecimiento personal la mayor parte de mi vida. De hecho, ¡he creado y logrado un plan de crecimiento para cada año durante los últimos cuarenta! La gente dice que la sabiduría viene con la edad, yo no creo que eso sea cierto, algunas veces la edad viene sola. No hubiera logrado ninguno de mis sueños si no me hubiera dedicado al mejoramiento continuo.

Si desea crecer y llegar a ser lo mejor de usted, debe tener la intención de lograrlo. La vida es, al mismo tiempo, ajetreada y compleja. La mayoría de la gente no tiene tiempo para terminar su lista de pendientes del día, y tratar de completar todo en cada área de la vida puede ser un reto. ¿Sabía que se ha producido más información nueva en los últimos treinta años que en los cinco mil anteriores? Una edición de cualquier día de la semana del *New York Times* contiene más información que la mayoría de la gente en Inglaterra en el siglo XVII podía encontrar en toda su vida.

Es por eso que he desarrollado la serie de libros 101. Hemos elegido cuidadosamente los temas básicos en liderazgo, actitud, relaciones, trabajo en equipo y ser mentor, y los hemos puesto en un formato que puede leer en una sentada. También puede llevar un libro 101 en un portafolio o bolso y leerlo en diferentes lugares conforme lo permita el tiempo.

En muchos de mis libros más grandes, trato cada tema en mayor detalle; lo hago porque creo que a menudo es la mejor manera de dar un valor agregado a la gente. *Autosuperación 101* es diferente. Es una introducción a un tema, no el «curso avanzado». Sin embargo, creo que le ayudará en su camino de crecimiento en esta área de su vida. Espero que disfrute este libro, y oro para que le ayude tanto como usted desee mejorar su vida y lograr sus sueños.

# Parte I

## Estableciendo la base de la autosuperación

# I

## ¿QUÉ NECESITO PARA SUPERARME?

*El desarrollo debe ser intencional.*
*Nadie mejora por accidente.*

El poeta Robert Browning escribió: «¿Para qué estar en la tierra si no es para crecer?» Casi todos estarían de acuerdo que el crecimiento es algo bueno, sin embargo son relativamente pocas las personas que se dedican a hacerlo. ¿Por qué? Porque requiere cambiar y la mayoría de las personas son renuentes al cambio. Pero la verdad es que sin el cambio, el desarrollo es imposible. La autora Gail Sheehy afirmó lo siguiente:

> Si no cambiamos, no crecemos; y si no lo hacemos, en realidad no estamos viviendo. El desarrollo demanda una rendición temporal de la seguridad. Quizá signifique ceder patrones conocidos pero limitantes, un trabajo seguro pero sin gratificación, valores que ya no se mantienen, relaciones que han perdido su significado, etc.

Tal como lo dice Dostoievski: «Dar un nuevo paso, decir una nueva palabra, es lo que la mayoría de las personas más teme hacer». En realidad, el temor debería ser lo opuesto.

No se me ocurre nada peor que vivir una vida estancada, sin ningún cambio o mejoría.

## El desarrollo es una decisión

La mayoría de las personas se oponen al cambio, especialmente cuando les afecta de manera personal. Tal como lo dijo el novelista León Tolstoi: «Todos piensan cambiar al mundo, pero nadie piensa en cambiarse a sí mismo». Lo irónico de esto es que el cambio es inevitable. Todos tienen que bregar con ello. Por otro lado, el desarrollo es algo opcional. Usted puede decidir crecer o luchar contra ello. No obstante debe saber esto: Las personas que no están dispuestas a crecer nunca lograrán obtener su potencial.

Mi amigo, Howard Hendricks, hace la siguiente pregunta en uno de sus libros: «¿En qué ha cambiado usted... últimamente? ¿Digamos, la semana pasada, o el mes pasado, o el año pasado? ¿Podría ser *más específico*?» Él sabe que las personas tienden a estancarse en lo que se refiere a crecer y cambiar. El desarrollo es una elección, una decisión que puede marcar una diferencia verdadera en la vida de una persona.

La mayoría de la gente no se da cuenta que las personas exitosas y las que no lo son, en realidad no difieren substancialmente en sus habilidades. La diferencia se encuentra en el deseo de lograr su potencial. Y no hay nada más efectivo para lograr ese potencial que el compromiso a un desarrollo personal.

## Principios de autosuperación

Dejar de ser un aprendiz ocasional y convertirse en alguien dedicado al desarrollo personal va contra la manera habitual en que la mayoría de las personas vive. Si usted le preguntara a cien personas cuántos libros han leído desde que salieron del colegio o la universidad, estoy seguro que serían pocos los que dirían haber leído más de uno o dos libros. Si preguntara cuántas personas escuchan lecciones en audio y asisten voluntariamente a conferencias y seminarios para autosuperación, la cantidad sería aun menor. La mayoría de las personas celebran cuando reciben su diploma o su título y se dicen a sí mismas: «Gracias a Dios que ya terminé. Sólo necesito un buen trabajo. No quiero estudiar más». Desafortunadamente esa manera de pensar lo mantendrá en el mismo nivel que los demás. Si desea tener éxito, debe seguir creciendo.

Soy una persona que ha dedicado su vida al desarrollo personal y por eso me gustaría ayudarle a convertirse en una persona dedicada al desarrollo. Si desea lograr todo su potencial, ese es el camino a seguir. Además, hay otro beneficio implícito: La satisfacción. Las personas más felices que conozco se mantienen en constante desarrollo.

Observe los siguientes diez principios. Le ayudarán a desarrollarse en una persona dedicada al crecimiento personal:

## 1. Escoja una vida de crecimiento

Se dice que cuando el compositor y chelista español, Pablo Casals, se encontraba en los últimos años de su vida, un joven reportero le preguntó: «Señor Casals, usted tiene noventa y cinco años y es el mejor chelista que jamás haya existido. ¿Por qué entonces practica todavía seis horas al día?»

¿Cuál fue la respuesta de Casals? «Porque creo que estoy progresando». Esa es la clase de dedicación al desarrollo continuo que usted debe tener. Las personas que logran todo su potencial, sin importar cual sea su profesión u origen, piensan en términos de superación. Si cree que puede «defenderse» y todavía llevar una jornada exitosa, está equivocado. Usted necesita tener la actitud del general George

Patton. Se cuenta que una vez le dijo a sus tropas: «Hay una cosa que quiero que recuerden. No quiero escuchar mensajes que digan que estamos manteniendo nuestra posición. Quiero escuchar que estamos avanzando constantemente». El lema de Patton era: «Siempre a la ofensiva, nunca en las trincheras».

La única forma de mejorar su calidad de vida es superándose. Si desea que su organización crezca, usted debe desarrollar un líder. Si quiere tener mejores hijos, debe ser una mejor persona. Si quiere que los demás lo traten mejor, debe desarrollar mejores aptitudes para con los demás. No hay una manera segura para hacer que otras personas a su alrededor mejoren. Lo único que realmente tiene la capacidad de mejorar es a sí mismo y lo asombroso es que cuando lo hace, de pronto todo lo que está a su alrededor progresa. Así que lo importante es saber que si quiere llevar una jornada exitosa, debe vivir una vida de crecimiento. La única forma de crecer es si usted *decide* crecer.

## 2. COMIENCE A DESARROLLARSE DESDE HOY

Napoleón Hill dijo: «Lo que cuenta no es lo que usted va a hacer, sino lo que está haciendo». La mayoría de las personas que fracasan sufren de lo que yo llamo «la enfermedad del algún día». Ellas podrían hacer algo que les trajera beneficio a sus vidas ahora mismo, pero lo posponen diciendo que lo harán *algún día*. Su lema es «uno de estos días». Tal como lo dice el viejo proverbio inglés: «*Uno* de estos días significa *ninguno* de estos días». La mejor forma de asegurar el éxito es comenzar a desarrollarse desde hoy. No se desanime, ya que sin importar dónde comience, debe recordar que todos los que llegaron a algún lugar, lo hicieron porque comenzaron desde donde se encontraban.

¿Por qué necesita decidir comenzar a crecer hoy? Las siguientes son varias razones:

- *El crecimiento no es algo automático.* En mi libro *Breakthrough Parenting* [Paternidad que avanza], menciono que uno es joven una sola vez, pero puede mantenerse inmaduro de manera indefinida.[1] La razón es porque el crecimiento no es algo automático. El hecho de envejecer no significa crecer. Un ejemplo de ello son los crustáceos. El cangrejo o la langosta cuando envejecen, crecen y tienen que abandonar su caparazón. Sin embargo esa no es la tendencia general de las personas. El camino al siguiente nivel es cuesta arriba, y crecer requiere de esfuerzo. Entre más pronto comience, más cerca estará de lograr todo su potencial.

- *El crecimiento hoy le dará un mejor mañana.* Todo lo que hace hoy se basa en lo que hizo ayer. Ambas cosas determinan lo que ocurrirá mañana. Eso es especialmente cierto en lo que respecta al crecimiento. Oliver Wendell Holmes dijo lo siguiente: «La mente del ser humano, una vez que ha sido ampliada con nuevas ideas, no vuelve a tener su dimensión original». El crecimiento de hoy es una inversión para el mañana.

- *El crecimiento es su responsabilidad.* Cuando era niño, sus padres eran responsables de usted, aun de su desarrollo y su educación; pero ahora que es un adulto, la responsabilidad es toda suya. Si no se encarga de su desarrollo, nunca ocurrirá.

No hay mejor momento para comenzar que ahora mismo. Reconozca la importancia que el desarrollo personal tiene en el éxito y comprométase a desarrollar su potencial desde hoy.

3. Enfóquese en el desarrollo personal, no en la realización personal

En los últimos treinta años, ha habido un cambio en el enfoque del desarrollo personal.

Iniciando a finales de los sesenta y a principios de los setenta, las personas comenzaron a hablar de «encontrarse a sí mismas», lo que significaba que estaban buscando formas de autorrealización. Es como convertir a la felicidad en una meta ya que la autorrealización tiene que ver con sentirse bien.

El desarrollo personal es algo diferente. Por supuesto, la mayoría del tiempo eso le hará sentirse bien, pero esa es una consecuencia, no el objetivo principal. El desarrollo personal es algo más importante; es desarrollar su potencial de tal forma que pueda obtener el propósito para el cual fue creado. Algunas veces eso nos puede hacer sentir realizados, pero no todo el tiempo. Sin importar cómo lo haga sentirse, el desarrollo personal siempre tiene el siguiente efecto: le lleva a su destino. El rabino Samuel M. Silver enseñaba que «el mayor de los milagros es que no necesitamos ser mañana lo que somos hoy, sino más bien que podemos mejorar para utilizar el potencial que Dios ha implantado en nosotros».

## 4. Nunca se quede satisfecho con los logros actuales

Mi amigo Rick Warren dice: «El peor enemigo del éxito de mañana es el éxito de hoy». Y tiene razón. Pensar que uno ha «llegado» cuando se ha logrado una meta tiene el mismo efecto que creer que uno lo sabe todo. Le quita el deseo de aprender; es otra característica de la enfermedad del destino. Las personas exitosas no se sientan a descansar en sus laureles. Saben que los triunfos, al igual que las derrotas, son temporales y que deben seguir creciendo si desean seguir triunfando. Charles Handy mencionó algo notable: «Una de las paradojas del éxito es que las cosas y los caminos que lo llevaron allí, son rara vez las mismas cosas que lo mantendrán en ese sitio».

Sin importar qué tan exitoso sea usted hoy, no se muestre autocomplaciente. Siga manteniendo el hambre por el éxito. Sydney Harris insistía que «un ganador sabe lo mucho que le falta por aprender, aunque sea considerado un experto por los demás; un perdedor quiere ser considerado un experto por los demás antes de haber aprendido lo suficiente para saber que no sabe mucho». No se quede en una zona de comodidad, y no deje que el éxito se le suba a la cabeza. Disfrute del éxito brevemente, pero luego avance en busca de un crecimiento mayor.

## 5. SEA UN APRENDIZ CONSTANTE

La mejor forma para no quedarse satisfecho con sus logros actuales es seguir siendo un aprendiz constante. Esa clase de compromiso puede ser más difícil de lo que usted cree. Por ejemplo, un estudio realizado por la Universidad de Michigan hace varios años descubrió que una tercera parte de los doctores de Estados Unidos están tan ocupados trabajando que se encuentran retrasados dos años con respecto a los descubrimientos obtenidos en sus propias áreas de trabajo.[2]

Si quiere ser un aprendiz constante y seguir desarrollándose toda su vida, tiene que dedicar tiempo para ello. Tiene que hacer todo lo que pueda, sin importar dónde se encuentre. Tal como lo dijo Henry Ford: «He observado que la mayoría de las personas exitosas se adelantan durante el tiempo que otras personas desperdician».

Esa es una de las razones por las cuales yo siempre llevo conmigo libros y revistas cuando viajo. Durante esos ratos libres, tales como la espera de un vuelo de conexión en un aeropuerto, puedo leer y cortar artículos que me interesan. También puedo hojear un libro, aprendiendo conceptos importantes y extrayendo citas que luego podré usar. Cuando no estoy viajando, utilizo al máximo mi tiempo de aprendizaje escuchando programas instructivos en el auto.

Frank A. Clark dijo: «La mayoría de nosotros debe aprender una gran cantidad de cosas cada día para poder mantenernos a flote con lo que olvidamos». Aprender algo cada día es la esencia de ser un aprendiz constante. Usted debe superarse continuamente, no sólo adquiriendo conocimiento para reemplazar lo que olvida o lo antiguo, sino construyendo sobre lo que se aprendió ayer.

## 6. Desarrolle un plan de crecimiento

La clave para una vida de aprendizaje y de progreso continuo yace en desarrollar un plan específico de crecimiento y llevarlo a cabo. Le recomiendo un plan que requiere una hora al día, cinco días a la semana. Utilizo ese patrón debido a una declaración que hizo Earl Nightingale: «Si una persona ocupa una hora al día aprendiendo sobre el mismo tema por cinco años, esa persona se convertirá en un experto de ese tema». ¿No le parece eso una promesa increíble? Nos muestra que tan lejos podemos llegar si tenemos la disciplina de hacer que el desarrollo sea una práctica diaria. Cuando enseño conferencias de liderazgo, les recomiendo a los participantes el siguiente plan de desarrollo:

LUNES: Dedique una hora a tener un devocional para desarrollar su vida espiritual.

MARTES: Dedique una hora a escuchar una lección de audio sobre liderazgo.

MIÉRCOLES: Dedique una hora a archivar citas y a reflexionar en el contenido de lo que escuchó el martes.

JUEVES: Dedique una hora a leer un libro sobre liderazgo.

VIERNES: Dedique media hora a leer el libro y la otra media hora a archivar y a reflexionar en él.

Entretanto que desarrolla su plan de crecimiento, comience a identificar tres a cinco áreas en las cuales usted desea crecer. Luego utilice materiales útiles tales como libros, revistas, material de audio, videos e incorpórelos en el plan. Le recomiendo que haga su meta leer doce libros y escuchar cincuenta y dos programas de audio (o artículos) cada año. La manera exacta de hacerlo no es importante, sino hacerlo diariamente. De esa forma, es más probable que lo lleve a cabo que si lo pospone de manera periódica y luego trata de recuperar el tiempo perdido.

### 7. Pague el precio

Mencioné antes que la autorrealización se enfoca en lograr que una persona sea feliz, mientras que el desarrollo personal propone ayudar a la persona a lograr su potencial. Una característica del crecimiento es que a veces es algo incómodo. Requiere disciplina. Toma tiempo que usted podría ocupar en actividades de relajación. Cuesta dinero comprar materiales. Debe enfrentar un cambio constante y tomar riesgos. Además de vez en cuando es sencillamente algo solitario. Por eso muchas personas dejan de crecer ya que se dan cuenta que el precio es alto.

Pero el crecimiento siempre vale la pena ya que la alternativa es una vida limitada con un potencial sin realizar. El éxito requiere esfuerzo y usted no podrá realizar esa jornada si sigue esperando que la vida venga y lo empuje para que mejore. El presidente Teodoro Roosevelt afirmó osadamente: «Todavía no ha existido una persona en la historia que haya vivido una vida fácil y cuyo nombre valga la pena recordarse». Esas palabras eran ciertas cuando las dijo hace casi un siglo, y todavía lo son en la actualidad.

## 8. Encuentre la forma de aplicar lo que aprende

Jim Rohn decía: «No deje que su aprendizaje le lleve al conocimiento. Haga que su aprendizaje le lleve a tomar acción». Lo más importante en el desarrollo personal es la acción. Si su vida no comienza a cambiar como resultado de lo que está aprendiendo, está experimentando uno de estos problemas: Usted no está dedicando el suficiente tiempo y atención a su plan de desarrollo; está dedicando demasiado tiempo de su vida a las áreas equivocadas; o *no está aplicando lo que aprende.*

Las personas exitosas desarrollan hábitos diarios positivos que les ayuda a crecer y aprender. Una de las cosas que hago para asegurarme de no olvidar lo que aprendo es archivarlo. En mi oficina tengo más de mil doscientos archivos llenos de artículos e información y tengo miles y miles de citas. También me esfuerzo en aplicar la información tan pronto la aprendo. Lo hago haciéndome estas preguntas cada vez que aprendo algo nuevo:

- ¿Dónde puedo usarlo?
- ¿Cuándo puedo usarlo?
- ¿Quién más necesita saberlo?

Estas preguntas hacen que mi enfoque no sea solamente en adquirir conocimiento sino en aplicar lo que aprendo a mi propia vida. Trate de usarlas. Creo que le ayudarán a hacer lo mismo.

El autor y experto en liderazgo, Fred Smith, dijo algo que resume lo que significa comprometerse a un desarrollo personal. Él dijo:

Hay algo en nuestra naturaleza humana que nos tienta a quedarnos donde nos sentimos cómodos. Tratamos de encontrar un nivel estable, un lugar de descanso donde tenemos poca tensión y las finanzas son las adecuadas; donde tenemos asociaciones cómodas con las personas, y no nos sentimos intimidados de conocer a personas nuevas o entrar en situaciones extrañas.

Por supuesto que todos necesitamos tener niveles estables por un tiempo. Escalamos y luego nos estabilizamos para buscar la asimilación. Pero una vez que hemos asimilado lo que hemos aprendido, debemos escalar de nuevo. Es triste haber escalado nuestra última montaña. Escalar nuestra última montaña significa que estamos viejos, ya sea que tengamos cuarenta o que tengamos ochenta años.

Sea lo que sea que usted haga, no se quede en un lugar

estable. Comprométase a escalar la montaña del potencial personal, poco a poco, durante toda su vida. Es una jornada de la cual nunca se arrepentirá. Según el novelista George Eliot: «Nunca es tarde para ser lo que pudo haber sido».

# ¿CÓMO PUEDO DESARROLLARME EN MI PROFESIÓN?

*Sea mejor mañana de lo que es usted hoy.*

Un pavo estaba conversando con un toro: «Me encantaría poder subir a la copa de ese árbol», suspiraba el pavo, «pero no tengo la energía».

El toro le respondió: «Bueno, ¿por qué no comes de mi abono? Está lleno de nutrientes».

El pavo comió un poco y se dio cuenta que tuvo la suficiente fuerza para lograr llegar a la rama más baja del árbol. Al día siguiente, después de comer más estiércol, logró alcanzar la segunda rama. Finalmente después de la cuarta noche, había logrado llegar a la copa del árbol. Desafortunadamente un cazador lo vio y lo mató de un disparo.

La moraleja de la historia: el excremento le puede hacer llegar a la cima, mas no le mantendrá allí.

## De qué manera el crecimiento
## le ayuda a ser un líder

He conocido muchas personas que tienen la enfermedad del destino. Piensan que han «llegado» sólo por obtener una posición específica o por llegar a cierto nivel en una organización. Cuando llegan a ese lugar deseado, dejan de esforzarse y de crecer. ¡Qué desperdicio de potencial!

No hay nada malo con el deseo de progresar en su carrera, pero nunca intente «llegar». Más bien, haga que su jornada no tenga límites. La mayoría de las personas no tiene idea de hasta dónde puede llegar su vida. No miran muy lejos. Eso me sucedió al principio, no obstante, mi vida comenzó a cambiar cuando dejé de ponerme metas acerca de *dónde* quería estar y comencé a cambiar el curso para llegar a ser *quien* yo quería ser. He descubierto que para mí y para otras personas la clave del desarrollo personal es tener más una orientación de *crecimiento* que de *meta*.

No existe ninguna desventaja en hacer que el crecimiento sea su meta. Si sigue aprendiendo, será mejor mañana de lo que es hoy y eso puede lograr muchas cosas para usted.

## ENTRE MEJOR SEA USTED, MÁS PERSONAS LE ESCUCHARÁN

Si le interesa el arte culinario, ¿con quién preferiría pasar una hora de su tiempo? ¿Con Mario Batali (chef, autor de libros de cocina, dueño del restaurante Babbo e Enoteca además de otros en la ciudad de Nueva York, y anfitrión de dos programas de televisión en el canal de Food Network) o con su vecino que disfruta cocinar pero lo hace «de vez en cuando»? Si usted es un estudiante de liderazgo, como yo, ¿preferiría pasar una hora con el presidente de Estados Unidos o con la persona que administra la tiendita de la esquina? No hay comparación. ¿Por qué? Porque uno respeta más y puede aprender más de aquella persona que tenga una mayor capacidad y experiencia.

La capacidad es una clave para la credibilidad y la credibilidad es la clave para influir en los demás. Si las personas le respetan, le escucharán. El presidente Abraham Lincoln dijo: «No me interesa mucho una persona que hoy no es más sabia de lo que era ayer». Al enfocarse en el crecimiento se convierte en una persona más sabia cada día.

## Entre mejor sea usted,
## mayor será su valor hoy

Si fuera a plantar árboles frutales o nueces en su patio, ¿cuándo comenzaría a cosechar? ¿Le sorprendería saber que tiene que esperar entre tres a siete años para cosechar frutas y entre cinco a quince años para cosechar nueces? Si usted quiere que un árbol produzca, primero debe dejarlo crecer. Entre más haya crecido y tenga raíces profundas que le sostengan, más podrá producir. Entre más pueda producir, mayor será su valor.

Las personas no son tan diferentes. Entre más crecen, se vuelven más valiosas porque pueden producir más. De hecho, se dice que un árbol sigue creciendo durante toda su vida. Me encantaría vivir de tal forma que lo mismo pudieran decir de mí: «Siguió creciendo hasta el día en que murió».

Me encanta citar a Elbert Hubbard: «Si lo que hizo ayer todavía le parece grande hoy, significa que no ha logrado mucho el día de hoy». Si mira sus logros del pasado, y ahora no le parecen pequeños, significa que no ha crecido mucho desde que los logró. Si mira el trabajo que tuvo hace varios años y piensa que no puede hacerlo mejor ahora, significa que no está mejorando en esa área de su vida.

Si no está creciendo continuamente, probablemente entonces está dañando su habilidad de liderazgo. Warren

Bennis y Bert Nanus, autores del libro *Líderes: Estrategias para un liderazgo eficaz*, dijeron: «La capacidad de desarrollar y mejorar sus habilidades es lo que distingue a los líderes de los seguidores».[1] Si usted no está avanzando como aprendiz, entonces está retrocediendo como líder.

## ENTRE MEJOR SEA USTED, MAYOR SERÁ SU POTENCIAL EL DÍA DE MAÑANA

¿Quiénes son las personas más difíciles de enseñar? Las personas que nunca han intentado aprender. Hacer que acepten una nueva idea es como tratar de trasplantar una planta de tomates al cemento; aunque pudiera trasplantarla, usted sabe que no va a sobrevivir de todas maneras. Entre más aprenda y crezca, mayor será su capacidad para seguir aprendiendo, eso hace que su potencial sea mayor y que su valor sea mayor el día de mañana.

El reformador hindú Mahatma Gandhi dijo: «La diferencia entre lo que hacemos y lo que somos capaces de hacer sería suficiente para resolver la mayoría de los problemas del mundo». Imagínese que gran potencial tenemos. Todo lo que tenemos que hacer es seguir luchando para aprender más, crecer más y ser más.

Un líder que entrevisté para este libro me dijo que el

jefe de su primer trabajo, se sentaba con él después de que había cometido un error y le explicaba por qué ocurrió ese error. Antes de que se fuera de cada reunión, su jefe le preguntaba: «¿Has aprendido algo de esto?» y luego le pedía que le explicara. En esa época, este líder pensaba que su jefe era muy áspero con él. Pero a medida que avanzaba en su carrera, descubrió que muchos de sus triunfos se debían a prácticas que él había adoptado como resultado de esas conversaciones. Tuvo un tremendo impacto positivo en él porque eso lo hacía ser mejor continuamente.

Si quiere influir en las personas que están por encima de usted en la organización, y seguir influyendo en ellas, entonces necesita seguir mejorando. Una inversión en su desarrollo es una inversión en su habilidad, su capacidad de adaptación y de ascender. No importa lo que cueste seguir creciendo y aprendiendo, el costo de no hacerlo es aun mayor.

## CÓMO SER MEJOR MAÑANA

El padre de la nación, Benjamín Franklin dijo: «Cuando usted se supera, el mundo mejora. No tenga miedo de crecer muy lentamente. Tenga miedo sólo de quedarse paralizado. Olvide sus errores, pero recuerde lo que éstos le enseñaron». Entonces, ¿cómo se puede mejorar mañana?

Siendo mejor hoy. El secreto de su éxito se encuentra en su agenda diaria. Lo siguiente es lo que le sugiero para seguir creciendo y mantener el liderazgo:

## 1. APRENDA SU OFICIO HOY

En la pared de la oficina de una gran finca de árboles se encuentra un letrero que dice: «El mejor momento para plantar un árbol es hace veinticinco años. El segundo mejor momento es hoy». No hay mejor momento que el presente para convertirse en experto de su oficio. Quizás desearía haber comenzado antes. O tal vez desearía haber encontrado un mejor maestro o mentor hace años. Nada de eso importa. Mirar atrás y lamentarse no le ayudará a avanzar.

Un amigo del poeta Longfellow le preguntó cuál era el secreto de su continuo interés en la vida. Señalando un manzano cercano, Longfellow le dijo: «El propósito de ese manzano es desarrollar una corteza de madera cada año. Eso es lo que planeo hacer». El amigo notaría un sentimiento similar en uno de los poemas de Longfellow:

> Ni el disfrute ni la tristeza
> es nuestro destino o camino final;
> sino es actuar para que cada mañana
> nos encuentre más lejos que hoy.[2]

Quizás usted no esté donde se supone que debe estar. Puede que no sea lo que quiera ser. Usted no tiene que ser lo que solía ser. Ni tampoco tiene siquiera que llegar. Sólo necesita aprender cómo ser lo mejor de sí ahora mismo. Tal como lo dijo Napoleon Hill: «Uno no puede cambiar el lugar donde empezó, pero sí la dirección en que está yendo. Lo que cuenta no es lo que va a hacer, sino lo que está haciendo ahora».

## 2. Hable de su oficio hoy

Cuando llegue a un grado de habilidad en su oficio, entonces una de las mejores cosas que podrá hacer será hablar de su arte con aquellas personas que se encuentran en niveles iguales o más altos que el suyo. Muchas personas hacen esto de manera natural. Los guitarristas hablan acerca de las guitarras. Los padres hablan acerca de criar niños. Los jugadores de golf hablan acerca del golf. Lo hacen porque es placentero, impulsa su pasión, les enseña nuevas habilidades y perspicacia, y les prepara para actuar.

Hablar con sus contemporáneos es algo maravilloso, pero si no se esfuerza en hablar de manera estratégica sobre su arte con aquellas personas que tienen más experiencia y habilidad, entonces está desperdiciando oportunidades de aprendizaje. Douglas Randlett se reúne normalmente con un grupo de multimillonarios jubilados de tal forma que así puede aprender de ellos. Antes de jubilarse, el jugador de las ligas mayores de béisbol, Tony Gwynn, era famoso por hablar de batazos con cualquiera que conociera al respecto. Cada vez que él veía a Ted Williams, los batazos se convertían en el centro de la conversación.

A mí me encanta hablar todo el tiempo acerca de liderazgo con buenos líderes. De hecho, me hago el propósito de tener un almuerzo de aprendizaje con personas que admiro al menos seis veces al año. Antes de hacerlo, analizo a esas personas leyendo sus libros, estudiando sus lecciones, escuchando sus discursos o cualquier otra cosa que necesite hacer. Mi objetivo es aprender lo suficiente de ellos y de su «fuerte» como para hacer las preguntas adecuadas. Si hago eso, entonces puedo aprender sobre sus puntos fuertes. Pero ese no es mi objetivo final. Mi objetivo es aprender lo que puedo transferir de sus zonas fuertes a la mía. De allí surge mi crecimiento, no de lo que están haciendo. Tengo que aplicar lo que aprendo a mi situación personal.

El secreto de una gran entrevista es saber escuchar. Es el vínculo entre aprender de ellos y aprender de usted, y ese debe ser su objetivo.

## 3. PRACTIQUE SU OFICIO HOY

William Osler, el médico que escribió *Principios y práctica de la medicina* en 1892, le dijo una vez a un grupo de estudiantes de medicina:

Borre el futuro. Viva solamente para el presente inmediato y el trabajo asignado en ese lapso. No piense en la cantidad que debe lograrse, las dificultades que deben vencerse o el fin que se debe obtener, más bien enfóquese en la pequeña tarea que tiene al frente, aceptando que eso será suficiente para un día; ya que con certeza nuestra actividad principal es, tal como lo dice Carlyle: «no ver lo que yace oscuramente a la distancia, sino lo que yace claramente a la mano».

La única forma de mejorar es practicar su oficio hasta que lo conozca al derecho y al revés. Al principio, usted hace lo que sabe hacer. Entre más práctica su oficio, más lo conoce. Pero entre más lo hace, también descubrirá lo que debe hacerse de manera diferente. En ese momento tiene que tomar una decisión: ¿Hará lo que siempre ha hecho, o intentará hacer más de lo que cree que debe hacerse? La única manera de mejorar es salirse de la zona de comodidad e intentar cosas nuevas.

Las personas me preguntan con frecuencia: «¿Qué puedo hacer para que mi negocio crezca?» o «¿Cómo puedo mejorar mi departamento?» La respuesta es que crezca personalmente. La única forma para que su organización crezca es que los líderes que la dirigen crezcan también. Al ir mejorando, otros también lo harán. El director general ejecutivo de la compañía General Electric y ya jubilado, Jack Welch, dijo: «Antes que usted sea un líder, el éxito consiste en desarrollarse a sí mismo. Cuando se convierte en un líder, el éxito consiste en hacer que los demás se desarrollen».[3] Y el momento de comenzar es ahora mismo.

# 3

# ¿CÓMO PUEDO MANTENER UNA ACTITUD DISPUESTA AL APRENDIZAJE?

*Lo que cuenta es lo que se aprende después de saberlo todo.*

Si usted es una persona altamente talentosa, tal vez tenga dificultad para dejarse enseñar. ¿Por qué? Porque las personas talentosas con frecuencia piensan que lo saben todo y eso hace que les sea difícil continuar ampliando su talento. La disposición de aprender no tiene que ver tanto con la aptitud o la capacidad mental sino más bien con la *actitud*. Es el deseo de escuchar, de aprender y de aplicar lo aprendido. Es el hambre de descubrir y de crecer. Es la buena voluntad a aprender, desaprender y volver a aprender. Me encanta la forma en que el entrenador de básquetbol del salón de la fama, John Wooden, lo dice: «Lo que cuenta es lo que se aprende después de saberlo todo».

Cuando enseño y guío a líderes, les recuerdo que si dejan de aprender, dejarán de ser líderes. Pero si se mantienen abiertos a aprender y a seguir haciéndolo, podrán seguir causando impacto como líderes. Cualquiera que sea su talento, sea el liderazgo, el conocimiento de un oficio, el empresariado, o algo más, usted lo ampliará si se mantiene esperando aprender y esforzándose en ello. Las personas talentosas con actitudes que aceptan el aprendizaje se convierten en personas extra talentosas.

## Verdades del aprendizaje

Si desea aprovechar al máximo su talento y continuar con una actitud dispuesta a aprender, considere las siguientes verdades de la enseñanza:

### 1. Nada es interesante si usted no está interesado

Es una lástima cuando las personas caen en esa rutina y nunca salen de ella. Con frecuencia desperdician lo mejor que la vida tiene que ofrecerles. En contraste, las personas que tienen una actitud abierta al aprendizaje se comprometen totalmente con la vida. Se emocionan por las cosas. Se interesan por el descubrimiento, las conversaciones, la aplicación y el crecimiento. Hay una relación definitiva entre la pasión y el potencial.

El filósofo alemán Goethe aconsejaba: «Nunca deje que un día pase sin ver alguna obra de arte, escuchar alguna bella pieza musical y leer un extracto de un gran libro». Entre más involucrado esté usted en aprender, la vida será más interesante. Entre más interesado esté en explorar y aprender, mayor será su potencial de desarrollo.

## 2. LAS PERSONAS EXITOSAS VEN EL APRENDIZAJE DE MANERA DIFERENTE EN COMPARACIÓN CON LAS PERSONAS QUE FRACASAN

Después de más de treinta y cinco años de enseñar y capacitar a las personas, he llegado a darme cuenta que las que son exitosas piensan diferente en comparación con las que no lo son. Eso no significa que las que fracasan no puedan pensar de la misma forma que lo hacen las que tienen éxito. (De hecho, creo que casi todas pueden volverse a entrenar a sí mismas para pensar de manera diferente. Es por eso que escribí el libro *Piense, para obtener un cambio*, para ayudarlas a que aprendan las habilidades de pensamiento capaces de hacerlas más exitosas.) Esos patrones de pensamiento de éxito pertenecen también al aprendizaje.

Las personas que desean aprender siempre están abiertas a las nuevas ideas y están dispuestas a aprender de aquellas que tienen algo que ofrecer. El periodista estadounidense Sydney J. Harris escribió: «Un ganador sabe lo mucho que le falta por aprender, aunque sea considerado un experto por los demás; un perdedor quiere ser considerado un experto por los demás antes de haber aprendido lo suficiente para saber que no sabe mucho». Todo es cuestión de actitud.

Es realmente notable todo lo que una persona tiene que aprender antes de darse cuenta que sabe muy poco. En el año 1992, escribí un libro llamado *Desarrolle el líder que está en usted*. En esa época pensé: *He tenido éxito en el liderazgo. Escribiré este libro como una contribución a los demás sobre este tema importante.* Luego puse *todo* lo que sabía acerca de liderazgo en ese libro. Pero ese libro era sólo el comienzo. Haberlo escrito hizo que deseara aprender más acerca del liderazgo y mi motivación para aprender escaló otro nivel. Indagué más libros, conferencias, con personas y experiencias que me ayudaran a aprender. En la actualidad, he escrito un total de *ocho* libros sobre liderazgo. ¿He acabado con el tema? No. Todavía hay cosas por aprender y por enseñar. Mi mundo del liderazgo se está ampliando al igual que yo. El mundo es vasto y nosotros somos tan limitados. Hay tanto que podemos aprender, siempre y cuando nos mantengamos abiertos a hacerlo.

### 3. El aprendizaje es una búsqueda de toda la vida

Se dice que el erudito romano Cato comenzó a estudiar griego cuando tenía más de ochenta años. Cuando le preguntaron por qué estaba intentando una tarea tan difícil a su edad, respondió: «Es la edad más temprana que me queda». A diferencia de Cato, muchas personas consideran el aprendizaje un evento más que un proceso. Alguien me dijo que sólo una tercera parte de todos los adultos leen un libro completo después de su graduación. ¿Por qué? Porque ven la educación como un período en la vida, ¡y no como un estilo de vida!

El aprendizaje es una actividad que no se restringe con la edad. No importa si tiene más de ochenta años, como Cato, o no ha empezado su adolescencia. El autor Julio Melara tenía sólo once años cuando comenzó a aprender grandes lecciones vitales que seguirían con él en su vida adulta y que le ayudaron a enseñar a otros. Aquí están algunas de las cosas que él aprendió, extraídas de su libro *It Only Takes Everything You' ve Got!: Lessons for a Life of Success* [¡Sólo se requiere todo lo que tiene!: Lecciones para una vida de éxito]:

La siguiente es una lista de todos los empleos que no encontrará en mi currículum vitae pero que son lecciones que me han durado toda la vida:

• Comencé a cortar el césped para ganar dinero a los once años de edad
  *Lección aprendida*: Es importante que las cosas se vean profesionales y limpias.

- Dependiente de almacenaje en una tienda de abarrotes

  *Lección aprendida*: Asegurarme de que si voy a vender algo, la mercadería necesita estar almacenada.

- Lavador de platos en un restaurante

  *Lección aprendida*: Alguien siempre tiene que hacer el trabajo que nadie más quiere hacer. Además, la mayoría de las personas tiene mucha comida en sus platos. (No terminan lo que comienzan).

- Conserje en un edificio de oficinas

  *Lección aprendida*: La importancia de la limpieza con relación a su imagen.

- Cocinero en un restaurante especializado en carnes

  *Lección aprendida*: La importancia de la preparación y el impacto de una presentación adecuada.

- Ayudante de construcción (llevando madera y materiales de un lugar a otro)

  *Lección aprendida*: No quiero hacer esto por el resto de mi vida.

- Vender suscripciones de periódicos

  *Lección aprendida*: La labor del rechazo. Tuve que tocar más de treinta puertas antes de vender una suscripción.

- Dependiente de entregas en una bodega de plomería

*Lección aprendida*: Entregar un proyecto o un servicio a tiempo es tan importante como venderlo.

- Cocinero de desayunos en un restaurante de atención las veinticuatro horas del día
  *Lección aprendida*: Cómo hacer quince cosas a la vez. También aprendí las locuras que algunas personas quieren encima de sus huevos.

- Limpieza de autos
  *Lección aprendida*: La importancia de los detalles (lavar comparado con detallar).
  Usted puede pagar $15 para que le laven el exterior de su auto o $150 para que le limpien el carro por dentro y por fuera así como todos los detalles incluidos. Los detalles son molestos, pero son valiosos.

- Vendedor de zapatos en una tienda al por menor
  *Lección aprendida*: Vender a los clientes lo que quieren y les gusta. También aprendí a elogiar a las personas y a ser sincero.

- Ayudante de mesero en un restaurante
  *Lección aprendida*: Las personas disfrutan que le sirvan con una sonrisa y les encanta una mesa limpia.

Cada etapa de la vida presenta lecciones que deben ser aprendidas. Podemos escoger ser abiertos a la enseñanza y continuar aprendiendo, o podemos cerrar la mente y dejar de crecer. La decisión es nuestra.

### 4. El orgullo es el obstáculo número uno para aprender

El autor, capacitador y conferencista, Dave Anderson, cree que la causa número uno del fracaso en la administración es el orgullo. Él escribe:

> Hay muchas razones por las cuales los gerentes fracasan. Para algunos, la organización crece más rápido que ellos. Otros no cambian con los tiempos... Algunos pocos toman malas decisiones de carácter. Por un tiempo se ven bien pero con el tiempo descubren que no pueden seguir fingiendo. Hay muchos que mantienen a las personas inadecuadas por mucho tiempo ya que no quieren admitir que cometieron un error o que la pérdida de personal se convierta en un reflejo negativo para ellos. Algunos que fracasan tuvieron un brillante pasado mas comenzaron a utilizar el éxito como una licencia para desarrollar una valla alrededor de ellos en vez de seguir arriesgándose a buscar nuevas alturas. Pero todas estas causas del fracaso administrativo tienen su raíz en una causa común: el orgullo. En términos sencillos, el

orgullo es devastador... el orgullo que infla su sentido de valor propio y distorsiona su perspectiva de la realidad.

Aunque la envidia es el pecado mortal que surge de los sentimientos de *inferioridad*, el pecado mortal del orgullo surge de los sentimientos de *superioridad*. Crea una arrogancia del éxito, un sentido inflado de valor propio acompañado de una perspectiva distorsionada de la realidad. Esa actitud lleva a la pérdida del deseo de aprender y a una falta de disposición de cambiar. Hace que una persona no quiera aprender.

## CÓMO HACER QUE SU TALENTO LE LLEVE AL SIGUIENTE NIVEL

Si usted desea ampliar su talento, debe tener una buena actitud hacia el aprendizaje. Ese es el camino al crecimiento. El autor y futurista, John Naisbitt, cree que «la habilidad más importante que debemos adquirir es aprender cómo aprender». Lo siguiente es lo que yo le sugiero hacer mientras busca el aprendizaje y se convierte en una persona extra talentosa:

I. Aprenda a escuchar

El primer paso en la apertura a la enseñanza es aprender a escuchar. El escritor y filósofo estadounidense, Henry David Thoreau, escribió: «Se necesitan dos personas para decir la verdad: una que la diga y otra que escuche». Saber escuchar nos ayuda a conocer a las personas mejor, a aprender lo que han aprendido, y a mostrarles que los valoramos como individuos.

A medida que lleve a cabo sus cosas cada día, recuerde que usted no puede aprender si siempre está hablando. Tal como lo dice el dicho: «Hay una razón por la cual tiene una boca y dos oídos». Escuche a los demás, manténgase humilde, y comenzará a aprender cosas cada día que le pueden ayudar a ampliar su talento.

2. Comprenda el proceso de aprendizaje

Así es como funciona normalmente el aprendizaje:

PASO 1: Actuar.
PASO 2: Buscar los errores y evaluarlos.
PASO 3: Buscar la forma de hacerlo mejor.
PASO 4: Regresar al paso 1.

Recuerde, el enemigo más grande del aprendizaje es el conocimiento y el objetivo de todo aprendizaje es la acción, no el conocimiento. Si lo que está haciendo no contribuye de alguna forma a lo que usted y otros están haciendo en la vida, entonces dude de su valor y prepárese a realizar cambios.

## 3. BUSQUE Y PLANEE MOMENTOS DE APRENDIZAJE

Si busca oportunidades para aprender en cada situación, se convertirá en una persona extra talentosa y ampliará su talento hasta que llegue a todo su potencial. Pero también puede dar otro paso más allá: busque y planee momentos de aprendizaje. Puede hacerlo leyendo libros, visitando lugares que le inspiren, asistiendo a eventos que le hagan buscar un cambio, escuchar lecciones, y dedicar tiempo con personas que le ayuden y le expongan a experiencias nuevas.

He tenido el privilegio de pasar el tiempo con muchas personas notables y la gratificación natural ha sido la oportunidad de aprender. En mis relaciones personales, también me dirijo a personas con las que puedo aprender. Mis amigos más cercanos son personas que desafían mi manera de pensar y con frecuencia la cambian. Me elevan de muchas formas. He encontrado que con frecuencia práctico algo que el filósofo y escritor español Baltasar Gracián dijo: «Que sus amigos sean sus maestros y mezcle los placeres de la conversación con las ventajas de la instrucción». Usted puede hacer lo mismo. Cultive amistades con personas que le desafían y le añaden valor e intente hacer lo mismo con ellas. Eso cambiará su vida.

## 4. Haga que sus momentos de aprendizaje valgan la pena

Hasta las personas que son estratégicas en lo que respecta a buscar momentos de aprendizaje pueden pasar por alto el resultado de la experiencia. Digo esto porque por treinta años he sido conferencista realizando eventos que están diseñados a ayudar a las personas a aprender, pero he descubierto que muchas personas se van del evento y hacen muy poco con lo que escucharon después de cerrar sus cuadernos. Es similar a un diseñador de joyas que va a comprar gemas para luego guardarlas en un estante y que se llenen de polvo. ¿Qué valor tiene adquirir gemas si nunca se van a usar?

Tendemos a enfocarnos en los eventos del aprendizaje en lugar del proceso del aprendizaje. Debido a esto, trato de hacer que las personas actúen dando pasos que los ayuden a implementar lo que han aprendido. Por ejemplo, les sugiero que utilicen un código para marcar cosas que sobresalen:

La *P* indica que necesita tiempo para pensar sobre ese tema.

La *C* indica algo que usted necesita cambiar.

Una carita feliz ☺ significa que está haciendo eso particularmente bien.

La **A** indica algo que necesita aplicar en su vida.

La **T** significa que necesita transferir esa información a alguien más.

Después de la conferencia les recomiendo que hagan una lista de las cosas por hacer en base a lo que han marcado y que pongan en su agenda un momento para llevarlas a cabo.

## 5. Pregúntese a sí mismo: ¿Realmente estoy dispuesto a aprender?

Lo he dicho antes, pero es importante repetirlo: El mejor consejo del mundo no le ayudará si usted no tiene un espíritu dispuesto a aprender. Para saber si *realmente* está abierto a nuevas ideas y a nuevas formas de hacer las cosas, responda las siguientes preguntas:

1. ¿Estoy abierto a las ideas de otras personas?
2. ¿Escucho más de lo que hablo?
3. ¿Estoy abierto a cambiar de opinión en base a una información nueva?
4. ¿Estoy listo para admitir cuando estoy equivocado?
5. ¿Observo antes de actuar en una situación?

6.  ¿Hago preguntas?
7.  ¿Estoy dispuesto a hacer una pregunta que expondrá mi ignorancia?
8.  ¿Estoy abierto a realizar cosas en una forma que no había hecho antes?
9.  ¿Estoy dispuesto a pedir instrucciones?
10. ¿Actúo de manera defensiva cuando me critican, o escucho abiertamente la verdad?

Si respondió no a una o más preguntas, significa que tiene que crecer en el área de la apertura al aprendizaje. Necesita suavizar su actitud, aprender humildad y recordar las palabras de John Wooden: «¡Todo lo que sabemos lo hemos aprendido de otra persona!»

Tomás Edison era invitado del gobernador de Carolina del Norte cuando el político lo elogiaba por su genio creativo.

«Yo no soy un gran inventor», le respondió Edison.

«Pero usted tiene más de mil patentes a su crédito», le declaró el gobernador.

«Sí, pero el único invento que realmente puedo decir que es absolutamente original, es el fonógrafo», le dijo Edison.

«Me temo que no comprendo lo que quiere decir», le dijo el gobernador.

«Bien», explicó Edison, «supongo que soy una buena esponja. Absorbo ideas de cualquier curso y luego les doy un uso práctico. Después las mejoro hasta que se convierten en algo valioso. Las ideas que uso por lo general son ideas que otras personas tienen pero que no las desarrollan».

¡Qué descripción más notable de alguien que utilizó la capacidad de aprender para ampliar su talento! Eso es lo que hace una persona extra talentosa. Eso es lo que todos nosotros debemos esforzarnos a hacer.

# 4

# ¿QUÉ FUNCIÓN REALIZAN OTRAS PERSONAS EN MI DESARROLLO?

¿Qué clase de actitud tiene usted en lo que respecta a aprender de los demás? Todas las personas se suscriben a una de las categorías descritas en las siguientes declaraciones:

## NADIE ME PUEDE ENSEÑAR NADA.
## UNA ACTITUD ARROGANTE

Creo que a veces asumimos que la ignorancia es el enemigo más grande del aprendizaje. Sin embargo, eso realmente tiene muy poco que ver con el deseo de aprender. ¿No conoce a personas muy educadas y muy exitosas que no quieren escuchar las sugerencias o las opiniones de otras? ¡Algunas piensan que lo saben todo! Una persona que crea una organización grande y exitosa puede pensar que no puede aprender de quienes dirigen organizaciones más pequeñas. Alguien que tiene un doctorado quizás no sea receptivo a la instrucción de otro, ya que ahora se considera un experto. Una persona que es muy experimentada en una compañía o un departamento quizás no quiera escuchar las ideas de alguien más joven.

Individuos así no se dan cuenta del daño que se hacen. La realidad es que nadie es demasiado viejo, demasiado listo, o demasiado exitoso para aprender algo nuevo. Lo único que puede obstaculizar a una persona y su habilidad para aprender y mejorar, es una mala actitud.

## Alguien puede enseñarme todo. Una actitud ingenua

Las personas que se dan cuenta que tienen espacio para crecer por lo general buscan mentores. Por lo general eso es algo bueno. Sin embargo, algunos individuos piensan ingenuamente que pueden aprenderlo todo de una sola persona. Los individuos no necesitan *un* mentor, necesitan *muchos* mentores. He aprendido tanto de tantas personas.

Les Stobbe me enseñó cómo escribir. Mi hermano Larry es mi mentor de negocios. He aprendido mucho acerca de la comunicación de Andy Stanley. Tom Mullins ejemplifica las relaciones para mí. Si tratara de incluir a todos los que me han enseñado durante los años, tendría que llenar página tras página con sus nombres.

## TODOS PUEDEN ENSEÑARME ALGO.
## UNA ACTITUD DISPUESTA AL APRENDIZAJE

La gente que aprende más no necesariamente es aquella que pasan tiempo con las personas más inteligentes. Más bien es aquella que tiene una actitud abierta al aprendizaje. Todos tienen algo que compartir, una lección aprendida, una observación, una experiencia en la vida. Necesitamos sólo estar dispuestos a escuchar. De hecho, con frecuencia la gente nos enseña cosas cuando no está pensando en hacerlo. Pregúntele a cualquier padre y le dirá que ha aprendido cosas de sus hijos, aun cuando ellos eran bebés y no podían comunicar una sola palabra. La única vez cuando no nos pueden enseñar algo es cuando nosotros no estamos dispuestos a aprender.

No estoy diciendo que todas las personas con las que se encuentre *le van* a enseñar algo. Todo lo que estoy diciendo es que tienen el potencial para hacerlo si usted se los permite.

### CÓMO APRENDER DE LOS DEMÁS

Si se tiene una actitud abierta hacia el aprendizaje, o está dispuesto a adoptar una, usted podrá aprender de los demás. Entonces todo lo que necesita hacer es seguir los siguientes cinco pasos:

## 1. Haga que el aprendizaje se convierta en su pasión

El experto en administración, Philip B. Crosby, dice: «Existe una teoría del comportamiento humano que dice que las personas retardan, de manera subconsciente, su propio desarrollo intelectual. Llegan a confiar en los clichés y los hábitos. Una vez que llegan a la edad de su propia comodidad personal con el mundo, dejan de aprender y su mente se mantiene neutral por el resto de sus días. Pueden progresar de manera organizativa, pueden ser ambiciosas y hasta pueden trabajar noche y día. Pero no aprenden más».[1]

A veces ese es el problema con personas que reciben las *posiciones* que soñaban, que lograron las *metas* que se habían propuesto para sus organizaciones, o se ganaron los *títulos* que deseaban. En sus mentes, ellos ya llegaron a su destino. Allí se sienten cómodos.

Si desea seguir creciendo, no puede quedarse en una zona de comodidad. Necesita hacer que el aprendizaje sea su objetivo. Si lo hace nunca se quedará sin energía mentalmente, y su motivación será sólida. No se preocupe por encontrar personas que le enseñen. El filósofo griego Platón dijo: «Cuando el pupilo está listo, el maestro aparecerá».

## 2. Valore a las personas

En 1976, llevaba siete años en mi profesión y me sentía exitoso. En esos días, las iglesias, por lo general, se juzgaban por el éxito de sus programas de escuela dominical y la iglesia que dirigía tenía el programa de más rápido crecimiento en el estado de Ohio. Para ese entonces mi iglesia había crecido y era la más grande de mi denominación, pero todavía quería aprender. Ese año asistí a una conferencia. Había tres oradores que quería escuchar; eran mayores, más exitosos y más experimentados que yo.

Durante la conferencia, una de las sesiones era un intercambio de ideas donde cualquiera podía hablar. Pensé que iba a ser un desperdicio de tiempo y no iba a ir. Sin embargo, me ganó la curiosidad. Esa actividad me abrió los ojos. Las personas compartían lo que estaba funcionando en su organización y me senté allí apuntando notas e ideas. Tengo que decir que aprendí más durante esa sesión que en todas las otras juntas.

Eso me sorprendió, y luego descubrí por qué. Antes de esa conferencia, pensaba que sólo la gente mayor y más exitosa que yo podría enseñarme algo. Había entrado en un salón pensando que los demás no tenían mucho valor. Esa era una actitud equivocada. Las personas no aprenden de aquellos a quienes no consideran valiosos. Tomé la determinación de cambiar mi manera de pensar de allí en adelante.

### 3. Desarrolle relaciones con potencial de crecimiento

Es verdad que todos tienen *algo* que enseñarnos, pero eso no significa que cualquiera puede enseñarnos *todo* lo que queremos aprender. Necesitamos encontrar individuos que muy probablemente puedan ayudarnos a crecer, expertos en nuestra área, pensadores creativos que nos amplíen mentalmente, conquistadores de metas que nos inspiren a subir al siguiente nivel. El aprendizaje, con frecuencia, es la gratificación de ocupar tiempo con personas notables. Lo que son y lo que saben se contagia. Tal como Donald Clifton y Paula Nelson, autores de *Soar with your Strengths* [Remóntese con sus puntos fuertes], lo dicen: «Las relaciones nos ayudan a definir quiénes somos y en qué nos convertimos».

### 4. Identifique la singularidad y las fortalezas de las personas.

El filósofo y poeta Ralph Waldo Emerson comentó: «Nunca he conocido un hombre que no fuera superior a mí en algún aspecto en particular». Las personas se desarrollan mejor en sus áreas de fortaleza y pueden aprender mucho del área de fortaleza de otra persona. Por esa razón, uno no puede elegir indiscriminadamente a la gente que uno busca para que le enseñe.

A mediados de la década de los setenta, identifiqué los

diez líderes eclesiásticos más prominentes de la nación, y traté de sacar una cita para almorzar con cada uno de ellos. Hasta les ofrecí cien dólares por una hora de su tiempo, que en ese tiempo era el salario de la mitad de una semana. Algunos estaban dispuestos a reunirse conmigo. Otros no. Estuve muy agradecido con aquellos que lo hicieron.

Mi esposa y yo no teníamos mucho dinero en ese entonces y estos líderes vivían en diferentes partes del país, así que planeamos las vacaciones por varios años en torno a esas visitas. ¿Por qué me esforzaba tanto en conocer a esas personas? Porque me moría por aprender de sus fortalezas y habilidades singulares. Esas reuniones marcaron una gran diferencia en mi vida. ¿Y sabe qué? La conexión con grandes hombres y mujeres continúa afectando mi vida. Cada mes trato de reunirme con alguien a quien admiro y de quien quiero aprender.

### 5. HAGA PREGUNTAS

El primer año cuando estaba en la universidad, trabajé medio tiempo en una planta procesadora en Circleville, Ohio. Era un lugar donde las vacas eran descuartizadas y su carne se almacenaba en grandes refrigeradores. Mi trabajo era remolcar la carne frescamente procesada a las áreas de refrigeración y llevar los pedidos de carne a los clientes.

Cada vez que estoy expuesto a algo nuevo, y esa era una

nueva área para mí, trato de aprender acerca de ello. La mejor forma de aprender es mirando y haciendo preguntas. Llevaba trabajando alrededor de dos semanas cuando Pense, un hombre que llevaba trabajando allí varios años, se me acercó y me dijo: «Muchacho, déjame decirte algo. Haces demasiadas preguntas. He estado trabajando aquí por mucho tiempo. Mi labor es matar vacas. Eso es todo lo que hago y es todo lo que haré. Entre más sabes, más esperan de ti». Me costaba entender por qué había personas que *no* querían aprender y crecer. Obviamente él no quería cambiar.

El escritor Johann Wolfgang von Goethe creía que «uno debía, cada día al menos, escuchar una canción, leer un poema, ver alguna imagen bella y si fuera posible, hablar unas cuantas palabras razonables». Yo agregaría que uno también debería hacer preguntas para aprender algo nuevo cada día. La persona que hace las preguntas adecuadas es la que aprende más.

## Escoja un mentor que le ayude a crecer

Usted debe tener la actitud adecuada hacia los demás si desea crecer, pero si realmente quiere aprovechar al máximo ese progreso, necesita dar un paso más. Necesita encontrar un mentor que le sirva de ejemplo en lo que desea aprender y le ayude a crecer.

Ponga mucho cuidado a las personas que sigue porque ellas impactarán el curso de su vida. Yo he desarrollado seis preguntas que me hago antes de escoger un ejemplo a seguir. Quizás le puedan ayudar en su proceso de escoger un mentor:

### ¿MERECE UN SEGUIDOR LA VIDA DE ESTE MODELO?

Esa pregunta se relaciona con la calidad del carácter. Si la respuesta no es una afirmación clara, tiene que ser muy cuidadoso. Yo me convertiré en la persona que sigo y no quiero ejemplos que tengan un carácter defectuoso.

### ¿TIENE SEGUIDORES LA VIDA DE ESTE MODELO?

Esa pregunta se enfoca en la credibilidad. Es posible ser la primera persona en descubrir un líder que valga la pena seguirse, pero por lo general eso no sucede. Si la persona no tiene seguidores, puede que no sea alguien que valga la pena seguir.

Si la respuesta a alguna de las primeras dos preguntas es no, no me tengo que preocupar de las otras cuatro. Necesito buscar otro ejemplo a seguir.

## ¿Cuál es la cualidad principal que influye a los demás para que sigan a ese modelo?

¿Qué tiene que ofrecerme ese modelo? ¿Cuál es su mejor característica? También note que los líderes fuertes tienen debilidades así como cualidades. No quiero imitar inadvertidamente las debilidades.

## ¿Produce ese modelo otros líderes?

La respuesta a esta pregunta me dirá si las prioridades de liderazgo de ese modelo combinan con las mías en lo que respecta a desarrollar nuevos líderes.

## ¿Se puede reproducir en mi vida la cualidad de ese modelo?

Si no puedo reproducir su cualidad en mi vida, su ejemplo no me va a beneficiar. Por ejemplo, si usted admira la habilidad de Shaquille O'Neil como central de básquetbol, pero sólo mide un metro setenta centímetros y pesa 170 libras, no va a poder reproducir sus cualidades. Busque modelos apropiados... pero esfuércese por mejorar. Tampoco diga a la ligera que una cualidad no se puede reproducir. La mayoría sí. No limite su potencial.

SI LA CUALIDAD DE ESE EJEMPLO SE PUEDE REPRODUCIR EN MI VIDA, ¿QUÉ PASOS DEBO TOMAR PARA DESARROLLAR Y DEMOSTRAR ESA FORTALEZA?

Debe desarrollar un plan de acción. Si sólo responde las preguntas y nunca implementa un plan para desarrollar esas cualidades en sí mismo, usted sólo está realizando un ejercicio intelectual.

Los modelos que escogemos pueden o no ser accesibles a nosotros de una manera personal. Algunos pueden ser figuras nacionales, tales como un presidente. Otros pueden ser personas de la historia. Ciertamente pueden beneficiarle, pero no de la misma forma en que lo hará un mentor personal.

## DIRECTRICES EN LA RELACIÓN CON UN MENTOR

Cuando encuentre a alguien que le pueda guiar como mentor, utilice estas directrices que le ayudarán a desarrollar una relación positiva con esa persona:

### ACLARE SU NIVEL DE EXPECTATIVAS

Por lo general, el objetivo de tener un mentor es progresar, no llegar a la perfección. Quizás sólo pocas personas pueden ser verdaderamente excelentes, pero todos nosotros podemos mejorar.

### Acepte una posición de aprendizaje subordinada

No deje que su ego se entrometa en su aprendizaje. Tratar de impresionar al mentor con su conocimiento o habilidad creará una barrera mental entre usted y él. Eso evitará que reciba lo que él le da.

### Respete a su mentor, pero no lo idolatre

El respeto nos permite aceptar lo que el mentor nos enseña. Hacer del mentor un ídolo le quita la habilidad de ser objetivo y crítico, facultades que necesita para adaptarse al conocimiento y la experiencia del mentor.

### Ponga en práctica inmediatamente lo que está aprendiendo

En las mejores relaciones con mentores, lo que se aprende se enfoca rápidamente con claridad. Aprenda, practique y asimile.

### Sea disciplinado para relacionarse con su mentor

Dedique bastante tiempo y sea constante, seleccione el tema con anticipación y estudie para hacer que las sesiones sean productivas.

## GRATIFIQUE A SU MENTOR CON SU PROPIO PROGRESO

Si muestra aprecio pero no logra ningún progreso, el mentor considerará eso como un fracaso. Su progreso es la mejor gratificación que usted puede darle. Esfuércese por crecer, y luego comunique ese progreso.

## NO AMENACE CON RENDIRSE

Hágale saber a su mentor que ha tomado la decisión de progresar y que usted es una persona persistente, un triunfador determinado. Así sabrá él que no está perdiendo su tiempo.

No hay sustituto para su propio crecimiento personal. Si no está recibiendo ni creciendo, no podrá dar nada a las personas que está tratando de desarrollar y cuidar.

# Parte II

## El proceso continuo de la superación

# 5

# ¿DÓNDE DEBO ENFOCAR
# MI TIEMPO Y ENERGÍA?

*Para lograr su potencial, entre en su zona de fortaleza.*

¿Puede recordar la primera lección que aprendió acerca del liderazgo? Yo sí. La obtuve de mi papá. Él solía decirle a mi hermano, a mi hermana y a mí: «Descubre lo que puedes hacer bien y sigue haciéndolo». Ese no fue sólo un consejo casual. Él y mi madre se esforzaron por ayudarnos a descubrir nuestras fortalezas y por comenzar a desarrollarlas antes de que tuviéramos edad para salir de casa y vivir por nuestra cuenta.

Mi papá también reforzó ese consejo por medio de su ejemplo. Uno de sus dichos favoritos era: «Esto es lo que sé hacer». Tenía una habilidad especial para enfocarse en sus áreas de fortaleza. Eso, junto con su determinación de terminar lo que había comenzado, le sirvió durante toda su carrera y más allá. Él siempre se mantiene en su zona de fortaleza. Es una de las razones por la que siempre ha sido la inspiración más grande de mi vida.

## Buscando los puntos fuertes

Cuando comencé mi carrera, estaba comprometido a encontrar mi zona de fortaleza y esforzarme para mantenerme allí. Sin embargo, durante los primeros años me sentía frustrado. Al igual que muchos líderes sin experiencia, intenté hacer muchas cosas diferentes para descubrir lo que realmente podía hacer bien. Además, las expectativas que las personas tenían de lo que hacía y cómo dirigía no siempre iban de acuerdo con mis puntos fuertes. Mis responsabilidades y obligaciones a veces requerían que yo realizara tareas en las cuales no poseía ningún talento o habilidad. Como resultado, frecuentemente no era eficaz. Me tomó varios años acomodarme, encontrar mi zona de fortaleza, y reclutar y desarrollar a otras personas para compensar mis debilidades.

Si usted es un líder joven y todavía no está seguro de cuáles son sus puntos fuertes, no se desanime. Sea paciente y siga esforzándose. Le puedo decir esto: Sin importar si está comenzando o si ya está en la cima de su carrera, entre más se esfuerce en su zona de fortaleza, más exitoso será.

## Definiendo el éxito personal

He escuchado muchas definiciones del éxito por parte de

muchas personas durante muchos años. De hecho, en diferentes etapas de la vida, he acogido diferentes definiciones. Pero en los últimos quince años, he podido concentrarme en una definición que creo captura lo que es el éxito sin importar quiénes son las personas o lo que quieren hacer. Creo que el éxito es

> Conocer nuestro propósito en la vida,
> desarrollar al máximo nuestro potencial y
> sembrar semillas que beneficien a los demás.

Si puede hacer esas tres cosas, usted es una persona exitosa. Sin embargo, ninguna de ellas es posible a menos que pueda encontrar y mantener su zona de fortaleza.

Me encanta la historia de un grupo de chicos en un barrio que construyeron una casa en un árbol y formaron su propio club. Cuando los adultos oyeron de los diferentes rangos que tenían los chicos en el club, quedaron asombrados al saber que un niño de cuatro años había sido elegido presidente.

«Ese chico debe ser un líder innato», dijo uno de los padres. «¿Cómo fue que todos los chicos más grandes votaron por él?»

«Bueno, papá», respondió su hijo, «él no podía ser secretario porque no sabe leer ni escribir. Tampoco podía ser el tesorero porque no sabe contar. No puede ser sargento de armas porque es demasiado pequeño para ahuyentar a alguien. Si no le dábamos un título, se iba a sentir mal. Así que lo nombramos presidente».

En la realidad, por supuesto, las cosas no funcionan de esa forma. Uno no se convierte en un líder efectivo por falta de opciones. Uno debe ser intencional en sus actos y debe esforzarse desde sus puntos fuertes.

Cuando guío a las personas para que descubran su propósito, siempre les animo para que comiencen el proceso de descubrir sus puntos fuertes, en vez de explorar sus defectos. ¿Por qué? Porque su propósito en la vida siempre está vinculado a sus dones. Siempre es así. Usted no ha sido llamado a hacer algo para lo cual no tiene talento. Descubrirá su propósito al encontrar y mantenerse en su zona de fortaleza.

De manera similar, no puede desarrollar su máximo potencial si trabaja continuamente fuera de su zona de fortaleza. La superación siempre está relacionada con la habilidad. Entre mayor sea su habilidad natural, mayor será su potencial de superación. He conocido personas que pensaban que para lograr su potencial debían reforzar sus debilidades. Pero, ¿sabe lo que sucede cuando uno dedica todo el tiempo a trabajar en sus debilidades y no en desarrollar sus fortalezas? Aunque se esfuerce mucho, ¡solamente llegará a un nivel de mediocridad y no más allá! Nadie admira o gratifica la mediocridad.

La pieza final del rompecabezas es vivir una vida que beneficie a los demás y siempre depende de dar lo mejor de nosotros, no lo peor. Uno no puede cambiar al mundo regalando las sobras o realizando actos mediocres. Solamente lo mejor de sí añadirá valor a los demás y los elevará.

## ENCONTRANDO SU ZONA DE FORTALEZA

El poeta británico y lexicógrafo, Samuel Johnson dijo: «Casi todos los hombres desperdician parte de su vida intentando mostrar cualidades que no poseen». Si tiene una imagen mental de los talentos que las personas deben tener, y usted no los posee, le será muy difícil encontrar sus verdaderos puntos fuertes. Necesita descubrir y desarrollar lo que *usted* es. Las siguientes sugerencias le ayudarán:

### 1. HÁGASE LA SIGUIENTE PREGUNTA: «¿QUÉ ESTOY HACIENDO BIEN?»

Las personas que logran su potencial dedican menos tiempo a preguntarse «¿Estaré haciéndolo correctamente?» y más tiempo preguntándose «¿Qué estoy haciendo bien?» La primera pregunta es una pregunta moral; la segunda es una pregunta de talento. Usted debe siempre esforzarse por hacer lo correcto, pero hacer lo correcto no le dice nada acerca de su talento.

## 2. Sea específico

Cuando consideramos nuestros puntos fuertes, tendemos a pensar muy ampliamente. Peter Drucker, el padre de la administración moderna, escribe: «El mayor misterio no es que las personas hagan cosas mal sino que ocasionalmente hacen unas pocas cosas bien. Lo único que es universal es la incompetencia. ¡La fortaleza siempre es específica! Nadie nunca comentó, por ejemplo, que el gran violinista, Jasha Heifetz, probablemente no podía tocar bien la trompeta». Entre más específico sea usted con sus puntos fuertes, mayor será la oportunidad de encontrar su «lugar ideal». ¿Por qué estar en los límites de su zona de fortaleza cuando se tiene la oportunidad de estar en el propio centro?

## 3. Escuche lo que otros elogian

Muchas veces damos nuestro talento por sentado. Pensamos que porque hacemos algo bien, todos los demás también pueden hacerlo. Con frecuencia eso no es cierto. ¿Cómo puede saber cuando usted está pasando por alto una habilidad o un talento? Escuche lo que otros dicen. Su zona de fortaleza captura la atención de otros y los atrae a usted. Por otro lado, cuando está trabajando en zonas de debilidad, pocas personas mostrarán interés. Si otras personas le elogian continuamente en un área en particular, comience a desarrollarla.

## 4. ANALICE LA COMPETENCIA

No dedique todo su tiempo a compararse con los demás; eso no es saludable. Tampoco pierda el tiempo haciendo algo que otros hacen mucho mejor. El ex director general ejecutivo de General Electric, Jack Welch, declara: «Si no tiene una ventaja competitiva, no compita». Las personas no pagan por algo promedio. Si no tiene talento para hacer algo mejor que la competencia, enfóquese en otra cosa.

Para tener una mejor perspectiva de dónde se encuentra usted en relación con la competencia, hágase las siguientes preguntas:

- ¿Hay otras personas haciendo lo que estoy haciendo?
- ¿Lo están haciendo bien?
- ¿Lo están haciendo mejor que yo?
- ¿Puedo llegar a ser mejor que ellos?
- Si me vuelvo mejor, ¿cuál será el resultado?
- Si no me vuelvo mejor, ¿cuál será el resultado?

La respuesta a la última pregunta es: usted pierde. ¿Por qué? ¡Porque la competencia está trabajando en su zona de fortaleza y usted no!

El antiguo receptor de béisbol de las Grandes Ligas, Jim Sundberg, aconsejaba: «Descubra su singularidad, y luego disciplínese a desarrollarla». Eso es lo que he intentado hacer. Hace muchos años me di cuenta que una de mis áreas fuertes era la comunicación. Las personas siempre se han sentido motivadas a escucharme hablar. Después de un tiempo recibí muchas oportunidades para hablar en eventos junto con otros conferencistas motivadores. Al principio me sentía muy intimidado porque ellos eran muy buenos. Al escucharlos, me hacía la siguiente pregunta: «¿Qué puedo hacer que me separaría de ellos?» Sentía que no iba a ser posible ser mejor que ellos, pero sí ser diferente a ellos. Con el tiempo descubrí y desarrollé esa diferencia. Me esforcé para ser un *maestro* motivador, no sólo un *orador* motivador. No quería que las personas sólo disfrutaran lo que yo les compartía sino que pudieran aplicar lo que les enseñaba en sus vidas. Por más de dos décadas, me he disciplinado para desarrollar esa singularidad. Ese es mi nicho, mi zona de fortaleza.

## Para ser un líder exitoso, descubra y desarrolle la zona de fortaleza de su gente

Cada vez que vea personas que tienen éxito en su trabajo, usted puede estar seguro que están trabajando en su zona de fortaleza. Pero eso no es suficiente si quiere tener éxito como líder. Los buenos líderes ayudan a los demás a descubrir sus zonas de fortaleza y a capacitarlos para que trabajen en ellas. De hecho, los mejores líderes se caracterizan por la capacidad de reconocer las habilidades especiales y las limitaciones de los demás así como la capacidad de vincular a su gente con los trabajos en los cuales darán lo mejor de sí.

Tristemente, la mayoría de las personas no están trabajando en sus áreas de fortaleza y por lo tanto no está logrando todo su potencial. La organización Gallup condujo una investigación con un millón setecientas mil personas en diferentes trabajos. Según sus descubrimientos, sólo el veinte por ciento de los empleados sienten que sus puntos fuertes son utilizados en su área de trabajo.[1] En mi opinión, la culpa es principalmente de sus líderes. Han fracasado en ayudar a su gente para que descubran sus áreas de fortaleza y para colocarlos en la organización donde sus puntos fuertes sean un beneficio para la compañía.

Frances Hesselbein, presidenta de la junta de gobernadores del instituto Leader to Leader [De líder a líder] fundado por Peter F. Drucker, escribió en su libro *Hesselbein on Leadership* [Hesselbein sobre el liderazgo]: «Peter Drucker nos recuerda que las organizaciones existen para hacer que las fortalezas de las personas sean efectivas y que sus debilidades sean irrelevantes. Esta es la labor de los líderes eficaces. Drucker también nos dice que quizás haya líderes innatos pero son demasiado pocos como para depender de ellos».

Si desea ser un líder efectivo, usted debe generar la habilidad de desarrollar a las personas en sus áreas de fortaleza. ¿Cómo hacer eso?

### Estudie y conozca a las personas de su equipo.

¿Cuáles son los puntos fuertes y débiles de su gente? ¿Con quién se relacionan en el equipo? ¿Están creciendo y tienen un mayor potencial de crecimiento en el área donde están laborando? ¿Su actitud es un beneficio o un peligro? ¿Disfrutan lo que hacen y lo están haciendo bien? Estas preguntas deben ser respondidas por el líder.

### Comuníquese con su gente de manera individual y dígale a cada uno cómo puede encajar en el equipo.

¿Cuáles son los puntos fuertes que traen a colación? ¿Existe momentos cuando su contribución será especialmente valiosa? ¿Cómo se complementan con los demás miembros del equipo? ¿Qué necesitan de los otros para poder complementar sus debilidades? Entre mejor conozcan su posición en el equipo, mejor será su deseo de aprovechar adecuadamente ese puesto y contribuir al máximo.

## Comuníquese de manera colectiva con el equipo mostrándoles el lugar que cada uno tiene.

Es obvio que no puede tener un equipo triunfador sin el trabajo en equipo. Sin embargo, no todos los líderes hacen algo para ayudar a sus miembros a trabajar unidos. Si usted se comunica con todos los miembros del equipo colectivamente y les muestra su función así como los puntos fuertes que traen, ellos se valorarán y respetarán mutuamente.

## Enfatice que complementarse mutuamente es un factor que se encuentra por encima de competir mutuamente.

La competencia saludable entre los compañeros de un equipo es algo bueno. Los insta a ser mejores. Pero al final, los miembros del equipo necesitan trabajar unidos por el bien del equipo, no sólo por ellos mismos.

Para algunos líderes, la idea de enfocarse casi enteramente en los puntos fuertes parece contraria a lo que el sentido común sugeriría. Hace varios años me encontraba con los líderes de varias compañías y uno de los temas que expuse era la importancia de mantenerse en la zona de fortaleza. Repetidamente les dije que no trataran de trabajar en aquellos puntos débiles que se relacionaban con su habilidad. Durante el tiempo de preguntas y respuestas, uno de los ejecutivos no estaba de acuerdo. Él usó como ejemplo a Tiger Woods.

«Cuando Tiger Woods no tiene un buen juego», me dijo, «se va después al campo y practica por horas. Eso quiere decir, John, que él se está enfocando en mejorar sus puntos débiles».

«No», le respondí, «él se está enfocando en sus puntos fuertes. Tiger es el mejor golfista del mundo. Él está practicando sus tiros. No está practicando contabilidad, música o baloncesto. Él está analizando sus puntos débiles dentro de su zona de fortaleza. Eso siempre producirá resultados positivos».

Analizar los puntos débiles dentro de su zona de fortaleza siempre producirá mejores resultados que analizar un punto fuerte en una zona de debilidad. Me encanta el golf, pero practicar tiros de golf, no me ayudará mucho. ¿Por qué? Porque yo soy un golfista promedio. ¡La práctica no me hará perfecto en el golf, me hará permanente en el juego! Si deseo progresar, necesito enfocarme en el liderazgo y la comunicación. Esas son mis zonas de fortaleza.

¿Cuáles son las suyas? Si se dedica a ellas, usted está invirtiendo en su éxito.

---

# 6

# ¿CÓMO VENZO LOS OBSTÁCULOS PARA LLEGAR A LA AUTOSUPERACIÓN?

*Extraiga los beneficios positivos de las experiencias negativas.*

Los artistas, David Bayles y Ted Orland, cuentan la historia de un maestro de arte que hizo un experimento con su sistema de calificaciones en dos grupos de estudiantes. Es una parábola sobre los beneficios del fracaso. Esto fue lo que sucedió:

> El maestro de cerámica anunció a su clase el día de apertura, que la iba a dividir en dos grupos. Todos los estudiantes del lado izquierdo del salón, dijo, serían calificados solamente por la *cantidad* de trabajo que produjeran y todos los de la derecha, serían calificados solamente por su *calidad*. El procedimiento era sencillo: el último día de clases el maestro iba a traer una báscula y pesaría el trabajo del grupo de la «cantidad»: veintidós kilos de vasijas equivaldrían a un 100 de calificación,

diez y ocho kilos equivaldrían a un 90, etc. Por otro lado, los que eran calificados por su «calidad» necesitaban producir una sola vasija, pero debía ser perfecta, si querían un 100.

Cuando llegó el día de la calificación, un hecho curioso ocurrió: las obras de mayor calidad fueron producidas por el grupo que iba a ser calificado por «cantidad». Parece ser que mientras el grupo de «cantidad» estaba ocupado esforzándose para sacar muchas vasijas y aprendiendo de sus errores, el grupo de «calidad» se pasó todo el tiempo analizando lo que significaba la perfección y al final sólo tenían grandes teorías pero sólo una masa de barro inanimado.[1]

No importa si sus objetivos son en el área del arte, los negocios, el ministerio, los deportes, o las relaciones. La única forma en que usted puede avanzar es fracasar temprano, fracasar con frecuencia y avanzar en medio del fracaso.

## Realice la jornada

Enseño liderazgo a miles de personas cada año en numerosas conferencias, y siempre una de mis más grandes preocupaciones es que algunos se vayan a sus casas después del evento y nada cambie en sus vidas. Disfrutan el «espectáculo» mas no logran implementar ninguna de las ideas que escucharon. Le digo a las personas continuamente: Sobreestimamos el evento pero subestimamos el proceso. Cada sueño que se cumple ocurre por la dedicación a un proceso. (Esa es una de las razones por las que escribo libros y creo programas de audio. Deseo que la gente se involucre en un *proceso* continuo de desarrollo.)

Las personas tienden de manera natural a la inercia. Es por eso que la autosuperación es una lucha, también es la razón por la cual la adversidad yace en la médula de cada triunfo. El proceso del logro surge debido a fracasos repetidos y a la lucha constante por escalar a un nivel más alto.

La mayoría de las personas aceptará a regañadientes que deben pasar por la adversidad si desean triunfar. Reconocerán que tienen que experimentar contratiempos de vez en cuando si desean progresar. Pero creo que el éxito llega si usted lleva ese concepto a un plano superior. Para lograr sus sueños, debe *acoger* la adversidad y hacer que el fracaso sea una parte normal de su vida. Si no está fracasando, quizás en realidad no esté avanzando.

## Los beneficios de la adversidad

La psicóloga doctora, Joyce Brothers afirma que «una persona que está interesada en triunfar debe aprender a ver el fracaso como algo saludable, como una parte inevitable en el proceso de llegar a la cima». La adversidad y el fracaso que generalmente resulta de ello deben esperarse en el proceso del éxito y verse como partes totalmente vitales del mismo. De hecho, los beneficios de la adversidad son muchos. Considere las siguientes razones para acogerla y perseverar en medio de ella:

### 1. La adversidad crea capacidad de recuperación

No hay nada que genere más capacidad para recuperarse que la adversidad y el fracaso. Un estudio de la revista *Time*, a mediados de los ochenta, describió la increíble capacidad de recuperación de un grupo de personas que habían perdido su trabajo tres veces debido a cierres de fábricas. Los psicólogos esperaban que ellas fueran a desanimarse, pero la realidad es que se encontraban sorprendentemente optimistas. La adversidad más bien les había dado una ventaja. Ya que habían perdido un trabajo pero encontraron otro nuevo al menos dos veces, se sentían más capacitadas para manejar la adversidad que las personas que sólo habían trabajado para una sola compañía y ahora estaban desempleadas.[2]

## 2. LA ADVERSIDAD DESARROLLA LA MADUREZ

La adversidad puede ayudarlo a mejorar si usted no permite que lo vuelva amargado. ¿Por qué? Porque promueve la sabiduría y la madurez. El dramaturgo estadounidense, William Saroyan, habló de este aspecto: «Las buenas personas son buenas porque han llegado a la sabiduría por medio del fracaso. Obtenemos muy poca sabiduría del éxito».

En tanto que el mundo continúa cambiando a pasos cada vez más acelerados, tener madurez con flexibilidad se convierte en algo muy importante. Estas cualidades surgen al sobrepasar las dificultades. El profesor en la escuela de negocios de Harvard, John Kotter, dice: «Me imagino un grupo de ejecutivos hace veinte años analizando un candidato para un trabajo muy importante y diciendo: "Esta persona tuvo un gran fracaso cuando tenía treinta y dos años". Seguramente todos hubieran dicho: "Así es, esa es una mala señal". Me puedo imaginar a ese mismo grupo analizando un candidato en la actualidad y diciendo: "Lo que me preocupa de esta persona es que nunca ha fracasado"».[3] Los problemas que enfrentamos y sobrepasamos preparan nuestros corazones para dificultades futuras.

### 3. La adversidad prueba los límites del desempeño aceptado

Lloyd Ogilvie contaba de un amigo suyo que era artista en el circo durante su juventud. Él le describió cómo aprendió a trabajar en el trapecio:

> Una vez que uno sabe que la red abajo lo sostiene, uno no se preocupa por caerse. ¡Más bien, aprende uno a caerse correctamente! Eso quiere decir que uno se puede concentrar en atrapar el trapecio que viene hacia uno y no en la caída, porque las caídas anteriores lo han convencido de que la red es lo suficientemente fuerte y confiable para sostenerlo cuando se cae... El resultado de caer en la red es una confianza misteriosa y un desafío para el trapecio. Uno cae menos veces y cada caída le permite arriesgarse más.[4]

Hasta que una persona aprenda por experiencia que puede sobrevivir la adversidad, difícilmente se deshará de la tradición mecánica, ni probará los límites del desempeño organizativo y mucho menos se desafiará a buscar sus límites físicos. El fracaso hace que una persona vuelva a pensar en su statu quo.

## 4. LA ADVERSIDAD PROVEE MAYORES OPORTUNIDADES

Creo que eliminar los problemas limita nuestro potencial. Casi todos los empresarios exitosos que conozco tienen muchas historias de adversidad y reveses que les abrieron las puertas a una mayor oportunidad. Por ejemplo, en 1978, Bernie Marcus, el hijo de un pobre ebanista ruso en Newark, Nueva Jersey, fue despedido de Handy Dan, una ferretería al por menor. Eso hizo que Marcus se asociara con Arthur Blank para comenzar su propio negocio. En 1979, abrieron la primera tienda en Atlanta, Georgia. Su nombre era Home Depot. Actualmente, Home Depot tiene más de 760 tiendas y emplea a más de 157,000 personas. El negocio se ha ampliado y ahora tiene tiendas internacionales y cada año la corporación tiene un ingreso de más de treinta mil millones de dólares en ventas.

Estoy seguro que Bernie Marcus no estaba muy feliz cuando lo despidieron de su empleo en Handy Dan. Pero si no lo hubieran despedido, quién sabe si hubiera podido lograr el éxito que tiene actualmente.

## 5. LA ADVERSIDAD IMPULSA LA INNOVACIÓN

A principios del siglo veinte, un muchacho cuya familia había emigrado de Suecia a Illinois le envió veinticinco centavos a una editorial para comprar libros sobre fotografía. Sin embargo, lo que recibió fue un libro sobre ventriloquia.

¿Qué hizo? Se adaptó y aprendió ventriloquia. Ese muchacho era Edgar Bergen y por más de cuarenta años entretuvo al público con la ayuda de un muñeco de madera llamado Charlie McCarthy.

La habilidad de innovar se encuentra en la médula de la creatividad, un componente vital del éxito. El profesor Jack Matson, de la Universidad de Houston, reconoció ese hecho y desarrolló un curso que sus estudiantes llegaron a llamar «Fracaso 101». En ese curso, Matson les asigna a los estudiantes que construyan maquetas de productos que nadie compraría. Su objetivo es hacer que los estudiantes igualen el fracaso con la innovación en lugar de la derrota. De esa forma ellos podrán liberarse a sí mismos e intentarán cosas nuevas. «Aprenden a volver a cargar sus armas y se preparan para disparar de nuevo» dice Matson. Si quiere triunfar usted tiene que aprender a hacer ajustes a la forma en que hace las cosas e intentarlo de nuevo. La adversidad le ayuda a desarrollar esa habilidad.

## 6. La adversidad recapitula beneficios inesperados

La persona promedio comete un error y automáticamente piensa que es un fracaso. Pero algunas de las historias más grandes de triunfo surgieron de los beneficios inesperados de los errores. Por ejemplo, la mayoría de las personas conocen la historia de Edison y el fonógrafo: él lo descubrió mientras intentaba inventar algo totalmente diferente. Pero, ¿sabía usted que el cereal, Corn Flakes de Kellogg surgió cuando el trigo hervido se quedó en una sartén de hornear una noche entera?, ¿o que el jabón Ivory flota porque unas barras se quedaron en la batidora por mucho tiempo y una gran cantidad de aire penetró en ellas?, ¿o que las toallas de papel Scott salieron al mercado después de que una máquina que hacía el papel higiénico puso demasiadas capas de papel juntas?

Horace Walpole decía que «en la ciencia, los errores siempre preceden a la verdad». Eso fue lo que le sucedió al químico suizo alemán, Christian Friedrich Schönbein. Un día, él estaba trabajando en la cocina, algo que su esposa le había prohibido estrictamente, y estaba experimentando con ácido sulfúrico y con ácido nítrico. Cuando, por accidente, derramó algo de la mezcla en la mesa de la cocina, pensó que se había metido en problemas. (¡Él *sabía* que iba a experimentar «adversidad» cuando su esposa se diera cuenta!) Apresuradamente tomó un delantal de algodón para limpiar el desorden y luego colgó el delantal cerca del fuego para que se secara.

Súbitamente hubo una explosión violenta. Evidentemente la celulosa del algodón pasó por un proceso llamado nitración. Sin querer Schönbein había inventado la nitrocelulosa, que luego fue llamada pólvora sin humo o algodón para pistola. Llevó su invento al mercado, y obtuvo una gran cantidad de dinero.

### 7. La adversidad motiva

Hace años, cuando Bear Bryant estaba entrenando al equipo de fútbol americano de la Universidad de Alabama, su equipo llevaba una ventaja de sólo seis puntos y faltaban dos minutos para terminar el juego. Sólo le quedaban dos minutos. Bryant envió a su mariscal de campo con instrucciones de que no tomara riesgos y dejara que el tiempo se acabara.

Cuando se reunieron los jugadores, el mariscal de campo les dijo: «El entrador dice que no nos arriesguemos, pero eso es lo que el otro equipo está esperando. Sorprendámoslos». Habiendo dicho eso preparó la jugada.

Cuando el mariscal de campo retrocedió e hizo el pase, uno de los jugadores del equipo contrario que era campeón de velocidad, interceptó la pelota y se dirigió a la zona de meta, esperando hacer una anotación. El mariscal de campo, que no era un buen corredor, salió disparado tras su adversario y logró derribarlo en la yarda número cinco. Ese esfuerzo salvó el juego.

Cuando terminó el partido, el entrenador del equipo contrario se acercó a Bear Bryant y le dijo: «¿Cómo puedes decir que tu mariscal de campo no es un buen corredor?

¡Corrió tan rápido que logró bloquear desde atrás a mi mejor corredor!»

Bryant le respondió: «Tu jugador corría por seis puntos. El mío corría por su vida».

No hay nada que pueda motivar más a una persona que la adversidad. El clavadista olímpico, Pat McCormick habla de este mismo punto:

«Pienso que el fracaso es uno de los motivadores más grandes. Después de mi pérdida en las pruebas de 1948, sabía lo realmente bueno que podría ser. Fue esa derrota la que me hizo concentrarme totalmente en mi entrenamiento y en mis metas». McCormick logró obtener dos medallas de oro en las Olimpiadas de Helsinki en 1952 y otras dos en Melbourne cuatro años después.

Si puede hacerse a un lado de las circunstancias negativas que enfrenta, podrá descubrir los beneficios positivos. Por lo general eso es cierto; usted tiene sencillamente que estar dispuesto a buscar esos beneficios y no tomar de manera personal la adversidad que está experimentando.

Si pierde su trabajo, piense acerca de la capacidad de recuperación que está desarrollando. Si está intentando algo arriesgado y sobrevive, evalúe lo que aprendió de sí mismo y cómo le puede ayudar eso a enfrentar nuevos desafíos. Si una librería no le envía la orden correcta, piense si tal vez es una oportunidad para aprender una nueva habilidad, y si experimenta un fracaso en su carrera, piense en la madurez que está desarrollando. Además, Bill Vaughan considera que «en el juego de la vida es una buena idea tener algunas derrotas, ya que eso le permite evitar la presión de tratar de mantenerse en una temporada invicta». Siempre mida un obstáculo al lado del tamaño del sueño que usted está persiguiendo. Todo radica en la forma en que ve las cosas.

## ¿Qué podría ser peor?

Una de las historias más increíbles de sobrepasar la adversidad y del triunfo consecuente es la historia de José, un hebreo de la antigüedad. Quizás conozca la historia. Nació siendo el penúltimo de doce hijos en una familia adinerada del Medio Oriente cuyo negocio era criar ganado. Cuando era adolescente, se ganó la antipatía de sus hermanos. Primero, era el hijo favorito de su padre, aunque era casi el menor. Segundo, solía contarle a su padre cuando sus hermanos no estaban haciendo el trabajo de cuidar las ovejas debidamente. Y tercero, cometió el error de decirles a sus hermanos mayores que un día él estaría a cargo de ellos. Algunos de sus hermanos querían asesinarlo, pero el mayor, Rubén, no se los permitió. Así que un día, cuando Rubén no estaba por los alrededores, los demás vendieron a José como esclavo.

José terminó en Egipto trabajando en la casa del capitán de la guardia, un hombre llamado Potifar. Debido a sus capacidades de liderazgo y administración, José rápidamente subió de rango, y en poco tiempo ya estaba encargado de las labores administrativas del hogar. Estaba sacando provecho de una mala situación, pero entonces las cosas empeoraron. La esposa de su amo intentó persuadirlo para que se acostara con ella. Cuando él se rehusó, ella *lo* acusó de intentar *violarla* e hizo que Potifar lo encarcelara.

## DE LA ESCLAVITUD A LA PRISIÓN

En ese momento, José se encontraba en una posición realmente difícil: estaba lejos de su familia, vivía en una tierra extraña, era un esclavo y ahora estaba en la prisión. Sin embargo, una vez más sacó provecho de una situación difícil. Poco tiempo después, el guardia de la prisión puso a José a cargo de todos los prisioneros y de las actividades diarias de la prisión.

José conoció a otro prisionero que había sido oficial en la corte del faraón, el copero del rey. Un día, José pudo hacerle un favor al interpretar un sueño. Cuando supo que el oficial estaba agradecido por ello, José le hizo un pedido:

«Cuando te vaya bien», le dijo José, «recuérdame y muéstrame misericordia; háblale al faraón de mí y sácame de esta prisión porque me trajeron a la fuerza de la tierra de los hebreos y aun aquí no he hecho nada que merezca que me pongan en un calabozo».[5]

José se llenó de esperanza cuando supo, unos días después, que el oficial había regresado a la corte y que estaba en buenas relaciones con el monarca. Esperaba que en cualquier momento se enterase que el faraón lo había liberado. No obstante siguió esperando y esperando. Pasaron dos *años* antes que el copero se acordara de José y lo hizo sólo porque el faraón necesitaba alguien que interpretara sus sueños.

## Finalmente llega la gratificación

Al final, José pudo interpretar los sueños del faraón. Ya que el hebreo mostró tal sabiduría, el gobernante de Egipto hizo que José se quedara a cargo de todo el reino. Como resultado del liderazgo de José, de su planeación y de su sistema de almacenaje de alimento cuando la hambruna atacó el Medio Oriente siete años después, miles de personas que de otra forma hubieran muerto, pudieron sobrevivir, incluyendo la propia familia de José. Cuando sus hermanos viajaron a Egipto buscando alivio del hambre, *veinte* años después de haberlo vendido como esclavo, descubrieron que su hermano José no sólo vivía, sino que era también el segundo al mando del reino más poderoso del mundo.

Pocas personas le darían la bienvenida a una adversidad de trece años de ataduras como esclavo y prisionero. Pero por lo que sabemos, José nunca se rindió y nunca perdió su perspectiva. Tampoco guardó rencor contra sus hermanos. Luego que su padre murió, les dijo: «Ustedes intentaban hacerme daño, pero Dios lo convirtió en algo bueno para lograr lo que ahora está sucediendo y salvar muchas vidas». Encontró los beneficios positivos de sus experiencias negativas, y si él lo pudo hacer, nosotros también.

# ¿Cuál es la función de la experiencia?

*La experiencia además de un honesto examen propio lleva a la sabiduría.*

Una de las cosas más frustrantes para los líderes jóvenes es tener que esperar a que les llegue su oportunidad de brillar. Los líderes son impacientes por naturaleza y yo también lo era. Durante los primeros diez años de mi liderazgo, escuché mucho acerca de la importancia de la experiencia. En mi primera posición laboral, las personas no confiaban en mis decisiones. Decían que era muy joven y no tenía experiencia. Estaba frustrado, pero al mismo tiempo comprendía su escepticismo; sólo tenía veintidós años.

Después de dirigir un par de años, las personas empezaron a ponerme atención. Vieron que tenía algo de capacidad. En mi tercer año como líder, una iglesia más grande me consideró para un puesto más alto de liderazgo. La posición significaba mayor prestigio y mejor paga. Pero poco tiempo después descubrí que ellos se habían decidido por un líder mayor y más experimentado. Una vez más, aunque me sentía decepcionado, entendía la razón.

A la edad de veinticinco años, fui nominado para ser miembro de la junta del distrito. Estaba emocionado de estar en la boleta electoral. Personas de mi edad, por lo general no eran consideradas para una posición así. La elección fue muy cerrada, me venció un veterano muy respetado de nuestra denominación.

«No te preocupes», me decían, «algún día estarás en esa junta. Sólo necesitas unos años más de experiencia».

Una y otra vez, me señalaban mi juventud y mi falta de experiencia. No obstante, yo estaba dispuesto a pagar el precio, aprender mis lecciones y esperar mi turno. En tanto que estas personas más experimentadas me sobrepasaban, yo observaba sus vidas y trataba de aprender de ellas. Intentaba ver sobre qué clase de fundamento las habían construido, a qué personas de influencia conocían, y cómo se conducían. Algunas veces aprendía mucho con sólo observarlos. Pero muchas veces me sentía decepcionado. Había muchas personas con años de experiencia que no tenían mucha sabiduría o habilidad.

Eso me hizo preguntarme: *¿Por qué la experiencia había ayudado a algunos líderes y a otros no?* Lentamente la confusión se fue aclarando. Lo que me habían enseñado toda la vida no era cierto: ¡La experiencia no es el mejor maestro! Algunas personas crecen y se desarrollan como resultado de su experiencia, otras personas no lo hacen. Todo el mundo tiene algún tipo de experiencia. Lo que importa es lo que usted hace con esa experiencia.

## ¿Cómo le puede distinguir la experiencia?

Todos comenzamos nuestra vida como cuadernos nuevos. Cada día nos da la oportunidad de registrar nuevas experiencias en nuestras páginas. Con el paso de cada página, obtenemos más sabiduría y comprensión. Lo ideal es que en tanto pasamos las páginas de nuestro cuaderno, ellas se llenan de anotaciones y observaciones. El problema es que no todas las personas aprovechan al máximo sus cuadernos.

Algunas parecen mantener sus cuadernos cerrados la mayoría de sus vidas, rara vez escriben algo en ellos. Otros llenan sus páginas, pero nunca sacan el tiempo para reflexionar en ellas y obtener mayor sabiduría y comprensión. Sólo unos pocos registran lo que experimentan para luego echarle un vistazo y meditar en su significado. Vuelven a leer lo que se ha escrito y reflexionan en ello. La reflexión convierte la experiencia en un consejo, de tal forma que no sólo viven la experiencia sino que aprenden de ella.

Comprenden que el tiempo se encuentra de su lado si utilizan el cuaderno como un recurso de aprendizaje, en lugar de un calendario. Han llegado a comprender un secreto. La experiencia no enseña nada, mas la experiencia evaluada lo enseña todo.

## Aprovechando la experiencia

¿Conoce usted personas que tienen mucho conocimiento pero poca comprensión? ¿Que tienen los medios, pero no conocen el significado de algo importante? ¿Que tienen mucha destreza, pero parecen no tener mucho entendimiento? ¿Cuál es el problema con esos individuos? La experiencia de su vida no tiene reflexión ni evaluación. Pasan veinticinco años y no obtienen veinticinco años de experiencia. ¡Obtienen un año de experiencia veinticinco veces!

Si quiere aprovechar su experiencia para ser más sabio y un líder más efectivo hay algunas cosas acerca de la experiencia que necesita saber:

### 1. Todos experimentamos más de lo que comprendemos

El jugador de béisbol, Earl Wilson, el primer lanzador afroamericano de los Red Sox de Boston decía en tono jocoso: «La experiencia nos permite reconocer un error cuando lo volvemos a cometer». Aceptémoslo: vamos a cometer errores. Muchas cosas nos pasan en la vida y no podemos comprenderlo todo. Nuestras experiencias abruman nuestra comprensión y sin importar lo listos que seamos, nuestra comprensión nunca podrá ir al mismo paso que nuestra experiencia.

¿Entonces qué es lo que debemos hacer? Aprovechar al máximo lo que *podemos* entender. Yo lo hago de dos maneras. Primero, al final de cada día trato de recordar preguntarme: «¿Qué aprendí hoy?» Eso me impulsa a «analizar la página» del cuaderno cada día. La segunda cosa que hago es apartar la última semana de cada año para dedicar tiempo a revisar los doce meses anteriores. Reflexiono en mis experiencias, mis éxitos y mis fracasos, las metas que logré y los sueños que no se cumplieron, las relaciones que formé y aquellas que perdí. De esta forma, intento cerrar, de alguna forma, la brecha entre lo que experimento y lo que comprendo.

## 2. Nuestra actitud hacia las experiencias que no son planeadas o placenteras determinan nuestro crecimiento

Steve Penny, encargado de la S4 Leadership Network en Australia, decía: «La vida está llena de desviaciones imprevistas. Surgen circunstancias que parecen acabar completamente con nuestros planes. Aprenda a convertir esas desviaciones en delicias. Mírelas como excursiones especiales y recorridos de aprendizaje. No trate de luchar con ellas o nunca aprenderá su propósito. Disfrute los momentos y pronto volverá a recuperar el curso, probablemente será más sabio y más fuerte debido a esa pequeña desviación».

Debo admitir que tener una actitud positiva con respecto a las desviaciones de la vida es una batalla constante para mí. Prefiero la ruta directa en vez de los caminos llenos de curvas. Cada vez que me encuentro en la desviación, trato de buscar la salida más rápida y no intento disfrutar el proceso. Sé que eso es irónico tratándose de quien escribió el libro *El lado positivo del fracaso*, ya que en él menciono que la diferencia entre las personas promedio y las que logran el éxito es su percepción y su reacción al fracaso. Sólo porque sé que algo es cierto y me esfuerzo en practicarlo no significa que sea fácil.

En el año 2005, un amigo cercano, Rick Goad, fue diagnosticado con cáncer del páncreas. Durante un año caminé a su lado en medio de las experiencias irregulares generadas por esa enfermedad. En determinadas semanas, él se llenaba de esperanza y de temor, hacía preguntas y encontraba respuestas, tenía contratiempos y posibilidades; soportó muchos altibajos.

Esta fue una experiencia inesperada para Rick ya que era todavía un hombre joven, tenía poco más de cuarenta años. Lo observé viviendo un día a la vez durante toda su odisea, apreciando cada momento, viendo el lado positivo de las cosas, amando a sus amigos y pasando tiempo con Dios.

Más de una vez me dijo: «John, nunca hubiera escogido esto, pero tampoco lo cambiaría por nada».

El desvío de Rick terminó con su muerte en el año 2006. Fue un gran dolor, pero Rick me enseñó mucho al igual que a los que estaban con él durante ese periodo difícil. Al verlo, aprendimos cómo vivir.

## 3. LA FALTA DE EXPERIENCIA ES COSTOSA

Ahora tengo sesenta años y miro atrás a mi juventud sintiendo escalofríos por mi ingenuidad. Mi caja de herramientas de la experiencia tenía sólo una herramienta: Un martillo. Si todo lo que se tiene es un martillo, todo le parecerá un clavo. Por eso me la pasaba martillando. Luché muchas batallas que no tenía que luchar. Dirigí a personas a caminos sin salida y lo hice de manera entusiasta. Poseía la confianza que sólo las personas sin experiencia poseen. No tenía ni idea de lo poco que sabía.

Harry Golden decía: «La arrogancia del joven es un resultado directo de no haber conocido muchas consecuencias.

El pavo que cada día se acerca al granjero que le lanza comida no está equivocado. Lo que pasa es que nadie le advirtió acerca del Día de Acción de Gracias».[1] Cometí muchos errores cuando era un joven líder, no obstante fui bastante afortunado. Ninguno de esos errores fue desastroso. La mayoría del daño me lo hice a mí mismo y las organizaciones que dirigí nunca sufrieron consecuencias terribles debido a mi falta de experiencia.

### 4. La experiencia también es costosa

La falta de experiencia puede ser costosa, pero también lo es la experiencia. Es un hecho que uno no puede obtener experiencia sin pagar el precio. El gran novelista estadounidense, Mark Twain, dijo una vez: «Conozco un hombre que agarró a un gato por la cola y aprendió cuarenta por ciento más sobre los gatos que los hombres que no lo habían hecho». Uno sólo tiene que esperar que el precio no sea mayor que el valor de la experiencia que se obtiene, y a veces uno no puede juzgar cuál será el precio sino hasta que se haya obtenido la experiencia.

Ted W. Engstrom, ex presidente de Visión Mundial, solía contar una historia acerca de la junta directiva de un banco que eligió a un joven encantador y brillante para que tomara el puesto del presidente del banco que se estaba jubilando. El joven fue donde el anciano a pedirle ayuda.

La conversación comenzó: «Señor, ¿qué es lo principal que debo poseer para poder sucederle a usted como presidente de este banco?»

El anciano le contestó: «La habilidad de tomar decisiones, decisiones, decisiones».

«¿Y cómo puedo aprender eso?», le preguntó el joven.

«Experiencia, experiencia, experiencia», le respondió el presidente jubilado.

«¿Pero cómo puedo obtener experiencia?»

El anciano lo miró y le dijo: «Malas decisiones, malas decisiones, malas decisiones».

Tal como lo dice el antiguo dicho: La experiencia hace el examen primero y luego imparte la lección. La adquisición de la experiencia puede ser costosa. Sin embargo no es tan costosa como no obtener experiencia.

## 5. NO EVALUAR NI APRENDER DE LA EXPERIENCIA ES AUN MÁS COSTOSO

Es terrible pagar el precio de la experiencia y no recibir la lección. Por lo general es lo que le sucede a las personas. ¿Por qué? Porque cuando una experiencia es negativa, con frecuencia huyen de ella. Dicen apresuradamente: «¡Nunca lo volveré a hacer!»

Mark Twain dijo algo al respecto también: «Si un gato se sienta alguna vez en una estufa caliente, ese gato no se volverá a sentar en esa estufa caliente de nuevo. De hecho, tampoco se sentará en una fría». Un gato no tiene la capacidad mental para evaluar su experiencia y obtener algo de ella. Lo mejor que puede esperar es seguir su instinto de supervivencia. Si queremos obtener sabiduría y mejorar como líderes, necesitamos actuar de una mejor manera. Necesitamos escuchar las palabras del fundador del periódico *USA Today*, Allen Neuharth: «No aprenda sólo algo de cada experiencia. Aprenda algo positivo».

### 6. La experiencia evaluada eleva a una persona por encima de la multitud

Las personas que practican de manera regular reflexionar en sus experiencias, evaluar lo que salió bien y mal, y aprender de ellas, son raras. Pero cuando usted se encuentra con alguna, es fácil saberlo. Hay una parábola de una zorra, un lobo y un oso. Un día fueron a cazar juntos y después de cazar venados, empezaron a discutir sobre cómo dividir el botín.

El oso le preguntó al lobo que sugería. El lobo dijo que cada uno debería llevarse un venado. Súbitamente, el oso se comió al lobo.

Luego el oso le preguntó a la zorra cómo pensaba que se debía dividir el botín. La zorra le ofreció su venado y luego le dijo que también debería llevarse el venado del lobo.

«¿De dónde obtuviste tanta sabiduría?», le preguntó el oso.

«Del lobo», le respondió la zorra.

El jurista Oliver Wendell Holmes decía: «El joven conoce las reglas, pero el viejo conoce las excepciones». Eso es cierto sólo cuando el viejo ha dedicado tiempo a evaluar sus experiencias y obtener sabiduría de ellas.

La escuela de la vida ofrece muchos cursos difíciles. Nos inscribimos en algunos de ellos voluntariamente. Algunos otros nos toman de sorpresa. Todos pueden enseñarnos lecciones valiosas, pero solamente si deseamos aprender y estar dispuestos a reflexionar en ellas. Si lo está, ¿cuál será el resultado? Usted puede ejemplificar el sentimiento expresado por Rudyard Kipling en su poema «Si»:

Si puedes conservar la cabeza cuando a tu alrededor
todos la pierden y te echan la culpa;
si puedes confiar en ti mismo cuando los demás dudan de ti
pero al mismo tiempo tienes en cuenta su duda;
si puedes esperar y no cansarte de la espera,
o si siendo engañado por quienes te rodean, no pagas con
    mentiras,
o si siendo odiado, no das cabida al odio,
y no obstante, ni ensalzas tu apariencia ni hablas con
    demasiada sabiduría:

Si puedes soñar y no dejar que los sueños te dominen,

si puedes pensar y no hacer de los pensamientos tu objetivo;

si puedes encontrarte con el Triunfo y la Derrota

y tratar a estos dos impostores de la misma manera;

si puedes soportar el escuchar la verdad que has dicho

tergiversada por bribones para tender una trampa a los
    necios,

o contemplar las cosas destrozadas a las que dedicaste tu
    vida,

y agacharte y reconstruirlas con las herramientas
    desgastadas:


Si puedes hacer una pila con todos tus triunfos

y arriesgarlo todo de una vez en un juego de azar,

y perder, y volver a comenzar desde el principio

y no dejar escapar nunca una palabra sobre tu pérdida;

si puedes hacer que tu corazón, tus nervios y tus tendones

te respondan mucho después de que hayan perdido su
    fuerza,

y permanecer firmes cuando nada haya en ti

excepto la Voluntad que les dice: «¡Aguanta!»


Si puedes hablar con la multitud y conservar tu virtud,

o caminar junto a reyes sin perder el trato común,

si ni los enemigos ni los buenos amigos pueden dañarte;

si todos los hombres cuentan contigo pero ninguno
    demasiado;
si puedes llenar el implacable minuto
con sesenta segundos de una carrera a distancia,
tuya es la Tierra y todo lo que hay en ella,
y, lo que es más, ¡serás un hombre, hijo mío!

No sólo será una persona de integridad y sabiduría,
sino que también beneficiará a su gente porque usted será
un mejor líder.

## ¿Qué estoy dispuesto a ceder para poder seguir desarrollándome?

*Uno debe ceder algo en todo lo que se gana.*

¿Cuál es la clave para llegar al siguiente nivel en su desarrollo? Dicho de otra forma, ¿cuál es el mayor obstáculo que usted enfrentará una vez que comience a lograr sus metas y a saborear el éxito? Creo que es la capacidad de liberarse de lo que tiene para que pueda alcanzar algo nuevo. El obstáculo más grande que los líderes enfrentan puede ser su propio logro. En otras palabras, tal como lo dice Rick Warren: «El perjuicio más grande para el éxito de mañana es el éxito de hoy».

En 1995, enfrenté una de las decisiones más difíciles de mi vida. Ya tenía veintiséis años de una exitosa carrera como pastor. Mi posición era excelente. Tenía cuarenta y ocho años de edad y me encontraba en la cima. La iglesia que pastoreaba, Skyline Wesleyan Church, era considerada la «insignia» de mi denominación. Tenía una buena reputación a nivel nacional y mucha influencia. Mi iglesia y yo éramos muy respetados. Mi reputación con la gente valía oro. Me había dedicado más de una década al desarrollo de líderes y tenía una congregación muy sólida; estaba ubicada en San Diego, California, una de las ciudades más hermosas del país. Profesional y financieramente me encontraba en mi punto ideal. Pienso que allí podía haberme quedado hasta que me jubilara. El mayor obstáculo que tenía ante mí era la reubicación del templo, algo que yo creía que podíamos haber logrado también. (El líder que me sucedió logró realizar la reubicación.)

Tenía sólo un problema: Quería avanzar al siguiente nivel como líder, quería lograr un impacto a nivel nacional e internacional, y no lo podía lograr si me quedaba allí. Me di cuenta que la siguiente etapa de crecimiento requeriría muchos cambios difíciles y mucho más tiempo que el que podría utilizar si seguía dirigiendo la iglesia. Sabía que necesitaba contestar una pregunta vital: ¿Estoy dispuesto a cederlo todo para llegar a un nuevo nivel de crecimiento?

## ¿Cuánto cuesta llegar al siguiente nivel?

Esa es una pregunta que toda persona debe formularse más de una vez durante una profesión exitosa. Max DePree en su libro, *Leading Without Power* [Dirigir sin el poder], escribe: «Al evitar el riesgo, realmente arriesgamos lo más importante de la vida: buscar el crecimiento, nuestro potencial y una verdadera contribución a una meta común».

Comencé a aprender esta lección del intercambio de precios cuando era niño. Mi padre con frecuencia me amonestaba diciendo: «Paga ahora, y diviértete después». De hecho, me lo decía mucho porque yo era de los que querían divertirse ¡pero *nunca* quería pagar! Lo que él me estaba tratando de enseñar era que hiciera las cosas difíciles primero para después disfrutar la vida. Aprendí de él que todos pagamos en la vida. Todo lo que obtenemos nos cuesta. La pregunta es ¿cuándo pagaremos? Entre más esperemos para pagar, más aumenta el precio; es como el interés que se acumula. Una vida exitosa es una serie de intercambios de precio. En mi profesión, una y otra vez he intercambiado la seguridad por la oportunidad. He entregado lo que muchos considerarían una posición ideal con tal de desarrollarme como líder y causar un mayor impacto.

He descubierto que entre más alto subo, más difíciles son los intercambios. ¿Por qué? Porque tenemos mucho más que arriesgar. Las personas con frecuencia hablan de los sacrificios que tuvieron que hacer al principio de sus carreras, pero la verdad es que la mayoría no tuvo que sacrificar mucho en ese momento. Lo único de valor que tenían era su propio tiempo. Entre más escalamos, obtenemos más y nos cuesta ceder lo que hemos logrado. Es por eso que muchos escalan parte de la montaña de su potencial y luego se detienen. Llegan a un lugar donde ya no están dispuestos a ceder algo para lograr lo siguiente. El resultado, se estancan, algunos para siempre.

Mientras debatía lo que tenía que intercambiar para dejar la iglesia y convertirme en un escritor, orador y motivador a tiempo completo, busqué el consejo de varios mentores confiables. Uno de ellos, el autor y asesor, Fred Smith, me ofreció los siguientes pensamientos:

Hay algo en nuestra naturaleza humana que nos tienta a quedarnos donde nos sentimos cómodos. Tratamos de encontrar un nivel estable, un lugar de descanso donde tenemos poca tensión y las finanzas son las adecuadas, donde tenemos asociaciones cómodas con las personas, sin la intimidación de conocer a otras nuevas o de entrar en situaciones extrañas. Por supuesto que todos necesitamos tener niveles estables de vez en cuando. Escalamos y luego llegamos a esos sitios para buscar la asimilación. Pero una vez que hemos asimilado lo que hemos aprendido, debemos escalar de nuevo. Es triste haber escalado nuestra última montaña. Escalar nuestra última montaña significa que estamos viejos, ya sea que tengamos cuarenta o que tengamos ochenta años.

Eso fue lo que necesitaba. Después de eso renuncié. ¡Me esforzaría por llegar a un nuevo nivel o fracasaría intentándolo!

## ¿Qué cambiará usted?

Poco después de haber renunciado, reflexioné en el precio del crecimiento, y escribí una lección llamada «Diez intercambios que vale la pena hacer». Creo que las lecciones que aprendí me han servido mucho y también le pueden servir a usted.

### 1. Intercambie la afirmación por el logro

Ya he explicado que cuando comencé mi profesión, me gustaba complacer a las personas. Deseaba la aprobación de mis seguidores, la admiración de mis compañeros y las gratificaciones de mis superiores. Era un adicto a la afirmación. No obstante los elogios son como el humo que rápidamente se desvanece. Los premios tienden a oxidarse y las gratificaciones financieras se gastan rápidamente. Decidí que prefería, más bien, *realizar* algo en vez de sólo verme bien. La decisión pavimentó el camino para la mayoría de los otros intercambios que haría en mi vida.

## 2. Intercambie seguridad por trascendencia

El éxito no significa simplemente estar ocupado. Es importante aquello por lo cual da su vida. Los grandes líderes de la historia fueron grandes no por lo que tenían o ganaban sino porque dieron su vida para lograrlo. ¡Marcaron una diferencia!

Elegí una carrera en la cual esperaba marcar una diferencia, pero eso no me eximía de arriesgarme para hacer cosas de mayor trascendencia. Lo mismo es cierto para usted, sin importar que profesión haya escogido.

## 3. Intercambie la ganancia financiera por un potencial futuro

Una de las ironías de la vida para mí es que el dinero nunca me motivó, sin embargo, Margaret y yo acabamos financieramente bien. ¿Por qué? Porque siempre estaba dispuesto a tener como prioridad un potencial futuro por encima de la ganancia financiera.

La tentación, casi siempre, es buscar el efectivo, una vez más esto nos lleva a la idea de pagar ahora y divertirse después. Si usted está dispuesto a sacrificarse financieramente al principio por la posibilidad de un potencial más grande, casi siempre obtendrá mayores oportunidades de mejores gratificaciones, incluyendo las financieras.

## 4. INTERCAMBIE EL PLACER INMEDIATO POR UN CRECIMIENTO PERSONAL

Si hay algo difícil para nuestra cultura es retrasar una gratificación. Si lee las estadísticas de cuántas personas se encuentran endeudadas y lo poco que ahorran, puede darse cuenta que las personas siempre están buscando el placer inmediato.

Cuando era joven, la escuela me aburría y no veía el momento de terminarla. A mí sólo me habría gustado abandonar la escuela, casarme con Margaret, mi novia del bachillerato, y jugar básquetbol. Pero como quería tener una carrera en liderazgo, fui a la universidad, obtuve mi título y esperé hasta después de graduarme para casarme con Margaret. Fueron cuatro años *muy largos*.

Una y otra vez, Margaret y yo tuvimos que posponer o sacrificar placeres, conveniencias o lujos para poder buscar oportunidades personales de crecimiento. Nunca nos hemos arrepentido de ello.

## 5. INTERCAMBIE LA EXPLORACIÓN POR EL ENFOQUE

Algunas personas no se inmiscuyen demasiado en sus profesiones, de hecho, parecen disfrutar vivir así. El problema con esa clase de juego es que uno nunca se vuelve bueno en nada. Ciertamente, cuando uno está joven, debe intentar diferentes cosas para ver dónde están sus puntos fuertes y sus intereses. Pero entre más mayores seamos, debemos ser más enfocados. Especializarse en algo lo llevará muy lejos. Si estudia las vidas de los grandes hombres y mujeres, encontrará que estaban muy enfocados en lo que hacían. Una vez que encuentre el propósito para el cual fue creado, manténgase en él.

## 6. Intercambie cantidad de vida por calidad de vida

Tengo que confesar que tengo una mentalidad de «más». Si uno es bueno, cuatro es mejor. Si alguien dice que puede alcanzar una meta de veinte, le estimulo para que logre alcanzar veinticinco. Cuando enseño una hora de liderazgo en un disco compacto, quiero poner tanto contenido que las personas que lo reciban tendrán que escuchar el disco compacto al menos cinco veces para poder extraer todo su mensaje.

Debido a esta inclinación natural a hacer más, con frecuencia, mi vida tiene un margen muy pequeño. Durante años, mi calendario estaba completamente lleno y ocupaba muy poco tiempo para relajarme. Recuerdo haberle dicho a mi hermano y a su esposa que vinieran a visitarme, y Larry me dijo: «No, estás demasiado ocupado. Si vamos, no te veremos».

Leí una vez que el presidente de una gran compañía

editorial buscó una persona muy sabia para que lo aconsejara. Después de describirle el caos que tenía en su vida, esperó silenciosamente escuchar algo de valor del sabio. El anciano al principio no dijo nada. Sencillamente tomó una tetera y comenzó a verter té en una taza. Siguió vertiendo hasta que el té se derramó en la mesa.

«¿Qué está haciendo?», exclamó el hombre de negocios.

«Su vida», respondió el sabio, «es como una taza de té que se desborda. No hay espacio para nada nuevo. Usted necesita verter, no ingerir más».

Para mí ha sido muy difícil cambiar mi mentalidad de cantidad a calidad. Honestamente, sigo trabajando en ello. Haber tenido un ataque al corazón en 1998 realmente causó un gran impacto en mí en esta área. También lo fue tener nietos. Ahora aparto más tiempo para disfrutar las cosas verdaderamente importantes de la vida. Le sugiero que haga lo mismo.

## 7. INTERCAMBIE LO ACEPTABLE POR LO EXCELENTE

Esta lección es tan obvia que casi no necesita explicación. Las personas no pagan por lo mediocre. No les impresionan las cosas que son simplemente aceptables. Los líderes no pueden volar en las alas de la mediocridad. Si algo vale la pena hacerse, dé lo mejor de sí o no lo haga en absoluto.

## 8. Intercambie la suma por la multiplicación

Cuando las personas hacen el cambio de hacedor a líder, aumentan grandemente el impacto que sus vidas pueden lograr. Ese es un salto significativo ya que, tal como lo menciono en el libro *Las 17 leyes indisputables del trabajo en equipo*, el número uno es un número muy pequeño para lograr la grandeza. Sin embargo, hay otro salto que es más difícil de dar y tiene un significado aun mucho mayor: Cambiar de la suma a la multiplicación.

Los líderes que reúnen seguidores *añaden* a lo que ellos pueden lograr. Los líderes que desarrollan líderes *multiplican* su habilidad. ¿Cómo sucede eso? Por cada líder que ellos desarrollan o atraen, ganan no sólo el poder de ese individuo sino el poder de toda la gente que esa persona dirige. Tiene un efecto multiplicador increíble. Todo gran líder, no importa dónde o cuándo haya dirigido, era un líder de líderes. Para ir al nivel más alto del liderazgo, usted debe aprender a ser un multiplicador.

## 9. Intercambie la primera mitad por la segunda mitad

En su libro, *Medio tiempo* Bob Buford dice que la mayoría de las personas que tiene éxito en la primera mitad de sus vidas trata de realizar la segunda parte de ella de la misma forma. Lo que él quiere decir es que llegan a un nivel estable y ya no están dispuestos a intercambiar lo que tienen por una nueva forma de hacer las cosas ya que es mucho más fácil quedarse con lo conocido.

Si se encuentra en la segunda mitad de su vida, probablemente ha ocupado mucho tiempo pagando el precio del éxito. No lo desperdicie. Esté dispuesto a intercambiarlo por la trascendencia. Haga cosas que perduren después que usted ya no viva. Si está en la primera mitad, siga pagando el precio para que tenga algo que ofrecer en su segunda mitad.

## 10. Intercambie su trabajo para Dios por un caminar con Dios

Siendo alguien que ha trabajado en el ministerio por muchos años, comprendo la profunda satisfacción de hacer un trabajo para Dios. Sin embargo, también comprendo la trampa de constantemente hacer cosas *para* Dios sin conectarse de manera continua *con* Dios.

Si no es una persona creyente, entonces esto puede que no tenga sentido para usted. Sin embargo, si es creyente, recuerde que sin importar cuánto valor tenga su trabajo, no se puede comparar con tener una relación con su creador.

### ¿Está dispuesto a ceder para subir?

Para lograr la excelencia, pienso que se tiene que aprender a viajar sin mucha carga. Usted debe aprender a descargar antes de intentar recargar. Tiene que deshacerse de unas cosas si desea asirse de otras. La gente por naturaleza resiste eso. Nos queremos quedar en nuestra zona de comodidad y aferrarnos a lo que es conocido. Algunas veces las circunstancias nos obligan a ceder algo y entonces tenemos la oportunidad de obtener algo nuevo. Por lo general, si queremos hacer intercambios positivos, tenemos que mantener la actitud correcta y estar dispuestos a ceder algunas cosas.

Durante la guerra civil, el presidente Abraham Lincoln recibió la petición de enviar 500,000 reclutas adicionales a luchar en el ejército. Los asesores políticos le recomendaron firmemente que no lo hiciera porque hacerlo quizás impediría su reelección. No obstante la decisión de Lincoln fue firme.

«No necesito volver a ser elegido», dijo, «pero es necesario que los soldados en el frente sean reforzados con 500,000 hombres más y eso voy a hacer. Si debido a eso me hundo, lo haré airosamente».

Lincoln fue uno de los presidentes más grandes de nuestro país porque estaba dispuesto a entregar todo, excepto su responsabilidad final. Esta es la clase de actitud

que los líderes necesitan tener. Cada nuevo nivel de crecimiento que los líderes esperamos experimentar implica un
nuevo nivel de cambio. Usted no puede tener uno sin el
otro. Si quiere ser un mejor líder, prepárese para hacer algunos intercambios.

\*\*\*

Tal como lo mencioné antes, cumplí sesenta años en febrero
de 2007. Pocos meses antes de mi cumpleaños, tomé un
tiempo para memorizar la siguiente oración porque quería
recitarla en presencia de mi familia y amigos durante mi
cumpleaños. Esta es la oración:

> Señor, al ir envejeciendo, pienso que quiero ser recordado
>     como...
> una persona reflexiva, en vez de dotada,
> una persona amorosa, en vez de ingeniosa o brillante,
> una persona gentil, en contraste a una persona poderosa,
> una persona que sabe escuchar, más que un gran
>     comunicador,
> una persona disponible más que un trabajador esforzado,
> una persona que se sacrifica, en vez de exitosa,
> una persona confiable, en vez de famosa,
> una persona satisfecha, más que motivada,

una persona con dominio propio, más que una persona
excitante,

una persona generosa, más que adinerada y

una persona compasiva, más que competente,

quiero ser una persona que lava los pies de los demás.

Todavía estoy esforzándome por convertirme en esa
persona. Todavía sigo haciendo intercambios.

Ahora más que nunca, estoy consciente que los cumpleaños significativos de una persona pueden marcar el paso
del tiempo o pueden marcar los cambios hechos en su vida
para llegar a lograr su potencial y convertirse en la persona
para la cual fue creada. Con cada año que pasa, quiero
tomar buenas decisiones que me hagan una mejor persona,
me ayuden a ser un mejor líder y causen un impacto positivo en los demás. Eso requiere una disposición a seguir
haciendo intercambios, porque por cada cosa que uno
obtiene, algo se tiene que ceder.

# Notas

**Capítulo 1**

1. John C. Maxwell, *Breakthrough Parenting* (Colorado Springs: Focus on the Family, 1996), p. 116.

2. Denis E. Waitley y Robert B. Tucker, *Winning the Innovation Game* (Grand Rapids: Revell, 1986).

**Capítulo 2**

1. Warren Bennis y Bert Nanus, *Leaders: The Strategies for Taking Charge* (Nueva York: Harper Business, 2003), p. 56 [*Líderes: Estrategias para un liderazgo eficaz* (Barcelona: Paidos Ibérica, 2008)].

2. Longfellow, http://www.blupete.com/Literature/Poetry/Psalm.htm.

3. Jack Welch con Suzy Welch, *Winning* (Nueva York: Harper Business, 2005), p. 61 [*Ganar* (Barcelona: Ediciones B., 2006)].

**Capítulo 4**

1. Philip B. Crosby, *Quality Is Free* (Nueva York: Penguin, 1980), p. 68 [*La calidad no cuesta* (México: CECSA, 1987)].

## Capítulo 5

1. Marcus Buckingham y Donald O. Clifton, *Now Discover Your Strengths* (Nueva York: The Free Press, 2001), p. 6 [*Ahora, descubra sus fortalezas* (Colombia: Norma, 2008)].

## Capítulo 6

1. David Bayles y Ted Orland, *Art and Fear: Observations on the Perils (And Rewards) of Artmaking* (Santa Barbara: Capra Press, 1993), p. 29.

2. Arthur Freeman y Rose Dewolf, *Woulda, Coulda, Shoulda: Overcoming Regrets, Mistakes, and Missed Opportunities* (Nueva York: Harper Collins, 1992).

3. Patricia Sellers, "Now Bounce Back!" *Fortune*, 1 mayo 1995, p. 49.

4. Lloyd Ogilvie, *Falling into Greatness* (Nashville: Thomas Nelson, 1984).

5. Génesis 40.14-15.

## Capítulo 7

1. Harry Golden, *The Right Time: An Autobiography* (Nueva York: Putnam, 1969).

# Acerca del autor

John C. Maxwell es un reconocido experto en liderazgo a nivel internacional, orador y autor que ha vendido más de 16 millones de libros. Sus organizaciones han capacitado a más de 2 millones de líderes en todo el mundo. El doctor Maxwell es el fundador de EQUIP y de INJOY Stewardship Services. Anualmente habla a compañías de la lista Fortune 500, líderes internacionales de gobierno y una variedad de públicos como la Academia Militar de Estados Unidos en West Point, la Liga Nacional de Fútbol Americano y los embajadores a las Naciones Unidas. Un autor de best sellers de *New York Times*, *Wall Street Journal* y *Business Week*, Maxwell fue nombrado el mejor gurú de liderazgo en todo el mundo por Leadershipgurus.net. También fue uno de 25 autores y artistas nombrados para estar en la Sala de la Fama del Décimo Aniversario de Amazon.com. Tres de sus libros, *Las 21 leyes irrefutables del liderazgo*, *Desarrolle el líder que está en usted* y *Las 21 cualidades indispensables de un líder* han vendido cada uno más de un millón de ejemplares en inglés.